Les cahiers

Bescherelle

Dictées

4^e

Hélène Maggiori-Kalnin
Professeur agrégée de lettres classiques
Collège Lucien Cézard, Fontainebleau

HATIER

Sommaire

AVANT-PROPOS 4-5

Orthographe lexicale

1 Radical et famille de mots 6-7

2 Les préfixes 8-9

3 Les suffixes 10-11

4 Les finales muettes 12-13

5 Les doubles consonnes..14-15

6 La lettre *h* 16-17

7 Les adverbes en *-ment* 18-19

8 Homonymes et paronymes...20-21

Orthographe grammaticale

9 Le genre des noms...22-23

10 L'adjectif numéral cardinal 24-25

11 L'adjectif de couleur..26-27

Maquette : Grégoire Bourdin ● **Mise en page :** Sabine Beauvallet ● **Édition :** Christine Delage

© **Hatier Paris,** juin 2006   ISBN 978-2-218-92313-5

12 L'accord du participe passé conjugué avec *être* 28-29

13 L'accord du participe passé conjugué avec *avoir* 30-31

14 La situation d'énonciation et les accords 32-33

15 Les accords sujet/verbe difficiles 34-35

16 Les homophones grammaticaux du verbe *être* 36-37

17 Les homophones grammaticaux *on* et *on n'* 38-39

Terminaisons verbales

18 Les terminaisons de l'indicatif présent 40-41

19 L'indicatif futur 42-43

20 L'indicatif passé simple 44-45

21 Indicatif passé simple ou imparfait ? 46-47

22 L'impératif présent 48-49

23 Le subjonctif présent 50-51

24 Le conditionnel présent 52-53

INDEX DES PRINCIPALES NOTIONS ABORDÉES 54-55

> **Et au centre du cahier :**

■ tous les corrigés des exercices d'orthographe

■ toutes les dictées à faire dans le bloc dictées

Mode d'emploi

■ L'OBJECTIF

Ce cahier s'adresse à tous les élèves soucieux de surmonter méthodiquement les difficultés orthographiques qu'ils peuvent rencontrer. Il permet de voir (ou revoir) les points d'orthographe responsables des fautes les plus fréquentes.

■ L'ORGANISATION DU CAHIER

Le cahier est constitué de trois parties distinctes.

1. Les séquences

Les 24 séquences sont toutes organisées de la même façon sur une double page.

■ Page de gauche

● Un court texte avec des exemples de la difficulté orthographique de la séquence.

● Le cours, où les éléments successifs sont signalés par des pictogrammes.

Un cœur annonce **La règle** à retenir par cœur.

Une clé permet d'ouvrir la porte du savoir en découvrant **La méthode** à suivre.

Une cloche réveille des souvenirs : c'est **Le rappel** de notions déjà apprises.

Les conseils facilitent la mise en pratique de la méthode proposée.

■ Page de droite

Des exercices variés sont destinés à vérifier la bonne compréhension du cours.

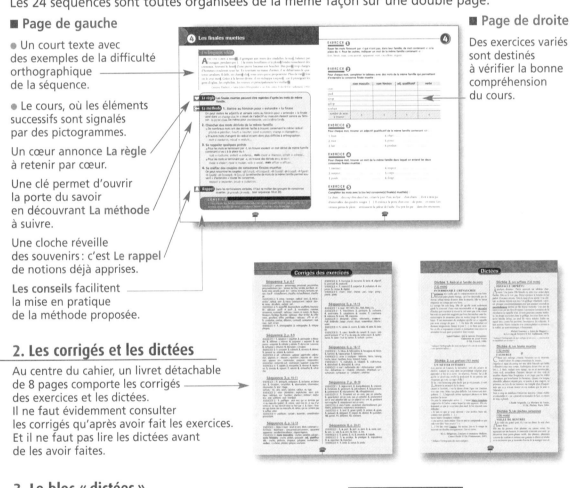

2. Les corrigés et les dictées

Au centre du cahier, un livret détachable de 8 pages comporte les corrigés des exercices et les dictées. Il ne faut évidemment consulter les corrigés qu'après avoir fait les exercices. Et il ne faut pas lire les dictées avant de les avoir faites.

3. Le bloc « dictées »

Le bloc, collé au verso de la couverture, est destiné à faire les dictées et surtout à les corriger efficacement en utilisant le tableau de correction des fautes qui figure au bas de chaque feuillet.

LE PLUS DU CAHIER

Pour les élèves qui veulent travailler en totale autonomie, toutes les dictées sont lues sur le site : www.bescherelle.com

L'ORGANISATION D'UNE SÉANCE DICTÉE

Il est nécessaire de procéder méthodiquement pour aboutir à un résultat satisfaisant.

1 Il faut lire, sur la page de gauche de la séquence, le texte en observant attentivement les mots surlignés en gris.

2 Il faut lire attentivement tout l'encadré-leçon en essayant de retenir par cœur **La règle** et de mémoriser les points essentiels de **La méthode**, et éventuellement les cas particuliers signalés, les exceptions, les listes…

3 Il faut ensuite faire les exercices de la page de droite. En cas de difficulté, il est nécessaire de revenir à la page de gauche et de la relire avec attention. Quand tous les exercices sont faits, les corriger en se reportant au livret détachable.

4 C'est alors le moment de la dictée, à proprement parler. Attention à bien choisir la dictée correspondant à la séquence étudiée ! Si l'élève n'écoute pas la dictée sur le site mais se la fait dicter, celui qui dicte doit respecter des règles simples :
– lire une première fois la dictée, lentement, pour permettre une bonne compréhension du sens général du texte ;
– dicter lentement le texte, en indiquant la ponctuation ;
– relire le texte, en indiquant toujours la ponctuation ;
– laisser un temps de relecture (3 à 5 minutes). Pendant cette relecture, il faut réfléchir à ce qui a été appris pour éliminer les erreurs.

5 Après la correction de la dictée, il faut utiliser « le tableau de correction des fautes » qui se trouve à chaque page du bloc.

CONSEILS

Comment gagner des points en écoutant attentivement le texte dicté ?

■ En distinguant les terminaisons en « é » *(chantai - chanter - chanté)* des terminaisons en « è » *(chantais, chantait, chantaient)*
■ En repérant les pluriels grâce aux liaisons : *leurs-amis sont venus*
■ En repérant les infinitifs par les liaisons : *ils sont partis manger-une glace*
■ En distinguant les présents *(nous gagnons)* des imparfaits *(nous gagnions)*
■ En repérant les consonnes doubles : *sommet, addition*

Ce tableau contient quatre colonnes, pour relever :
– dans la 1re colonne, les éventuelles fautes d'usage (se reporter aux séquences 1 à 8) ;
– dans la 2e colonne, les éventuelles fautes d'accord (se reporter aux séquences 9 à 15) ;
– dans la 3e colonne, les éventuelles fautes sur les homophones grammaticaux (se reporter aux séquences 16-17) ;
– dans la 4e colonne, les éventuelles fautes sur les terminaisons verbales (se reporter aux séquences 18 à 24).

6 Il est possible de noter la dictée, pour déterminer la progression des résultats.
Pour une note sur 20 :
– on compte 1 point pour les fautes d'usage (colonne 1) ;
– on compte 2 points pour les fautes grammaticales (colonnes 2 à 4).

Bonne chance et bonnes dictées !

① Radical et famille de mots

Un matin difficile

EN SE réveillant un matin de rêves agités, Gregor Samsa se retrouva dans son lit métamorphosé en cafard géant. Il était couché sur le dos, un dos dur comme une carapace et en soulevant un peu la tête, il voyait son ventre, bombé, brun, divisé par des nervures en arceaux, au haut duquel le couvre-lit, prêt à glisser, tenait à peine. Ses multiples pattes, pitoyablement grêles comparées au reste du corps, s'agitaient désespérément devant ses yeux.

– Ça rend complètement fou de se lever tôt, pensa-t-il. […]

Il était six heures et demie, les aiguilles avançaient tranquillement, la demie était même déjà passée, il était presque moins le quart. Le réveil n'aurait-il pas sonné ?

Franz Kafka, *La Métamorphose*, trad. Alexandre Vialatte,
1915, Folio © Éd. Gallimard, 1955.

 La règle Les mots d'une même famille ont des similitudes orthographiques.

 La méthode **1. Comparer le radical des mots d'une même famille**

Le **radical** est l'élément fixe d'un mot, que l'on trouve après avoir éliminé préfixe(s) et suffixe(s) :

soulevant ; lever ; enlever ; prélever...

L'ensemble des mots construits sur le même radical (ex. : /lev/) forme une **famille de mots**. On connaît souvent l'orthographe des radicaux des mots courants. Lorsqu'on reconnaît un radical dans un mot moins habituel, on peut éviter certaines erreurs :

terre → atterrir ; enterrer ; déterrer...

2. Prendre garde aux radicaux homophones

Il faut cependant agir avec réflexion en raison de certaines homophonies (même prononciation, mais sens et parfois orthographe différents) :

sens → sensation ; sensitif... **mais** *cens → censeur ; recensement...*

Il faut alors **comprendre** les mots : *sens* est en rapport avec ce que l'on éprouve, ce qui n'est pas le cas de *cens*.

3. Se méfier de certains radicaux

Un **même radical** peut avoir **plusieurs orthographes**. Souvent les différences s'entendent : *acquérir – acquisition...*, mais il y a des pièges : *honneur – honorable*.

 Rappel Il faut distinguer *réveil* et *réveille-matin* !
Le radical *réveil-* redouble la lettre *l* dans *réveiller* ou *réveillon*.
Il est utilisé en mot simple dans *le réveil*.

CONSEILS

Il faut vérifier la parenté de sens entre les radicaux des mots que l'on rapproche !

EXERCICE 1

Classer les mots en colonne et par famille, en indiquant le radical de chaque famille :
personnage, terreur, lundi, terrier, échauffement, terrifier, personnel, midi, chauffer, terrestre, samedi, personnifier, territoire, réchauffement, terrible, personnellement, terrain, jeudi, terrifiant, chauffage

personn-	....	....	....	....
....	....	....	....	....
....	....	....	....	....
....	....	....	....	....
....	....	....	....	....

EXERCICE 2

Dans chaque série, rayer l'intrus et indiquer le radical commun aux autres mots :

1. sensible, sensibiliser, recenser, désensibiliser, sensation : ....

2. sentier, pressentiment, ressentir, sentimental, assentiment : ....

3. barrer, barrage, barreau, barrette, barrissement : ....

4. colle, décolleté, décoller, décollage, collage : ....

EXERCICE 3

Regrouper les mots suivants par familles. Pour chaque famille, indiquer les deux radicaux utilisés :
essoufflé, nomination, fleurir, boursouflure, sifflement, combattre, soufflerie, floraison, combat, nommer, débattre, florilège, persifleur, renommée, boursouflé, combatif, siffler, nominatif, combattant, fleuriste, persiflage

1. ....

2. ....

3. ....

4. ....

5. ....

EXERCICE 4

Compléter les phrases avec des mots formés sur le radical *-graph-* :

1. J'ai .... de beaux paysages. **2.** En faisant des dictées, je vais devenir très bon en .... **3.** Les poteaux .... bordent les routes.

❷ Les préfixes

Repas sous l'empire romain   93%

DEUX ESCLAVES habillés en princes orientaux servirent des mets rares et coûteux présentés comme des tableaux artistiquement composés. On n'y reconnaissait ni les becfigues enduits de garum, ni les huîtres couvertes de sauce rose, ni les tétines de truie enveloppées de mauves. Ces plats compliqués n'avaient pas de saveur définie et, en goûtant le ragoût de truffe à la saumure de thon, Petronius se rappela qu'au Vélabre on mangeait ces merveilles à la croque au sel et que c'était bien meilleur. Le vin heureusement était bon. C'était un Nomentum de glorieuse année.   \ o o.

Jean Diwo, *Les Dîners de Calpurnia* © Éd. Flammarion, 1996.

 La règle Le préfixe se soude au radical par la gauche et peut prendre plusieurs formes.

 La méthode 1. **Chercher le radical pour identifier le préfixe**

> Lorsque le préfixe se **termine par une voyelle**, il n'y a pas de double consonne à la limite préfixe/radical : *reconnaissait ; proposer ; défaire...*
Cependant, si le radical commence par *s*, on double le *s* à la limite préfixe/radical : *ressaisir ; ressembler...*

> Lorsque le préfixe **se termine par une consonne**, par exemple *en-* ou *ad-* :
– parfois cette consonne se maintient : *enduits ; enveloppées ; admettre...*
– parfois cette consonne s'assimile à la consonne de début de radical : *emmener ; appeler.*

2. **Mettre une consonne double à la limite préfixe/radical**
> On met une consonne double quand :
– le préfixe se termine par une consonne ;
– le radical commence par la même consonne ;
– on n'entend pas des sons-consonnes distincts.
   Avec le préfixe *in-* : *intenable* **mais** *irréel, illégitime...*
   Avec le préfixe *ob-* : *objet* **mais** *offense, opposition...*
   Avec le préfixe *ad-* : *admettre* **mais** *affluence, apporter...*
   Avec le préfixe *sub-* : *subdiviser* **mais** *supporter, suffixe...*

> Le *n* terminant le préfixe se modifie en *m* lorsque le radical commence par *m, p, b*.
   composés ; compliqués ; emmener...

 Rappel Le préfixe *re-* peut être accentué (*ré-*), raccourci (*r-*) ou prendre la forme *ra-* : *réécrire, récrire, rapatrier,* **mais** *reconnaître*

CONSEILS
Quand la limite entre le préfixe et le radical n'est pas évidente, parce que le radical est difficilement repérable, il faut chercher des mots de la même famille : *appliquer, répliquer ; opprimer, réprimer...*

EXERCICE 1

Pour chaque verbe, séparer le préfixe du radical par un trait vertical, puis indiquer son contraire en changeant de préfixe :

1. rapatrier : ....   **4.** importer : ....   **7.** dissocier : ....

2. persuader : ....   **5.** apporter : ....   **8.** exhumer : ....

3. affirmer : ....   **6.** inhaler : ....   **9.** disculper : ....

EXERCICE 2

Trouver les verbes correspondant aux définitions en ajoutant un préfixe à l'un des radicaux proposés :

	Définitions	venir	sauter	tenir
1	avoir un mouvement brusque	....	....	....
2	procurer le nécessaire à quelqu'un	....	....	....
3	reconnaître comme vrai	....	....	....
4	garder en sa possession	....	....	....
5	atteindre un but, un résultat	....	....	....
6	empêcher de tomber	....	....	....

EXERCICE 3

Associer préfixes et radicaux pour obtenir des mots. Il faut parfois changer l'orthographe du préfixe :

	mission	poser	prendre	jonction	porter
ad-	....	....	....	....	....
in-		....		....	....
ob-	....	....			
con-	....	....	....	....	....
sub-	....	....			....

EXERCICE 4

En utilisant le préfixe *re-* ou une de ses formes (voir « rappel » p. 8), former des verbes à partir de ces adjectifs :

1. plat : ....   **4.** petit : ....   **7.** lent : ....

2. nouveau : ....   **5.** vert : ....   **8.** chaud : ....

3. neuf : ....   **6.** jeune : ....   **9.** frais : ....

③ Les suffixes

Convention internationale des droits de l'enfant

<u>Article 31</u> Les États reconnaissent à l'enfant le droit au repos et aux loisirs, de se livrer au jeu et à des activités récréatives propres à son âge, et de participer librement à la vie culturelle et artistique.

<u>Article 32</u> Les États reconnaissent le droit de l'enfant d'être protégé contre l'exploitation économique et de n'être astreint à aucun travail comportant des risques ou susceptible de compromettre son éducation ou de nuire à sa santé ou à son développement physique, mental, spirituel, moral ou social.

 La règle Le suffixe se soude au radical par la droite et a une orthographe stable.

La méthode **1. Connaître certains suffixes qui forment des « séries » de mots**

> Le suffixe **-aire** se trouve :
– à la fin des noms marquant l'âge : *quinquagén**aire** ; sexagén**aire**...*
– à la fin d'adjectifs semblables au masculin et au féminin : *priorit**aire** ; solit**aire** ; contestat**aire**...* **sauf** *clair/claire ; pair/paire.*
Attention : un adjectif qui finit par *-ère* au féminin s'écrit *-er* au masculin. On « entend » la différence : *particulier/particulière...* **sauf** pour *amer/amère ; cher/chère ; fier/fière.*

> Le suffixe **-is** se trouve à la fin de noms masculins indiquant le résultat d'une action et formés à partir d'un verbe du 1er groupe :

   *gribouiller → un gribouill**is** ; hacher → le hach**is** ; fouiller → le fouill**is**...*

mais cette règle ne s'applique pas aux noms masculins en **-i** formés à partir de verbes du 1er groupe en **-ier** :

   *crier → un cr**i** ; oublier → un oubl**i** ; parier → un par**i** ; trier → un tr**i** ; plier → un pl**i***

Attention : *incendier → un incendie* et *colorier → un coloris.*

> Le suffixe **-ique** se trouve à la fin des adjectifs qualificatifs semblables au masculin et au féminin :

   *artist**ique** ; économ**ique** ; phys**ique**...* **mais** *public/publique ; laïc/laïque ; chic*

> Le suffixe **-ation** permet de désigner l'action décrite par un verbe du 1er groupe :
   *éduquer → éduc**ation** ; exploiter → exploit**ation** ; adorer → ador**ation**...*

2. Penser que les suffixes de certains adjectifs changent au féminin
   le milieu culturel/la vie culturelle ; spirituel/spirituelle ; social/sociale...

 Rappel Le suffixe **-té** se trouve à la fin des noms féminins : *la bonté ; la charité...*
Mais *dictée, portée, pâtée, fourchetée* et *pelletée* prennent un **-e** muet.

CONSEILS

En dictée, pour savoir si certains suffixes se terminent ou non par une lettre muette, on peut penser au mot mis au féminin : *français/française ; lillois/lilloise...*

EXERCICE ❶

Classer ces mots par familles et faire la liste des suffixes utilisés :

antiquité, acclamer, circulaire, acclamation, observatoire, antiquaire, observateur, trier, circulation, observation, triage

1. ....

2. ....

3. ....

4. ....

5. ....

Les sept suffixes utilisés sont : ....

EXERCICE ❷

Compléter le tableau en associant radicaux et suffixes :

	polit-	lourd-	plant-	métr-	exploit-
-ation			....		....
-ique	....			....	
-eur		....	....	....	....
-esse	....				
-aud		....			

EXERCICE ❸

Rayer l'intrus dans chaque série et expliquer ce choix :

1. statique, authentique, magique, publique, fantastique : ....

2. coloris, hachis, gazouillis, gribouillis, taillis : ....

3. solitaire, autoritaire, claire, populaire, contestataire : ....

4. fabrication, ration, application, adoration, formation : ....

EXERCICE ❹

Compléter les mots en utilisant les suffixes suivants : *-al, -ation, -ique, -té*.
Attention aux accords.

Article 3

Dans toutes les décisions qui concernent les enfants, qu'elles soient le fait des institutions publ........ ou privées de protection soci......., des tribunaux, des autori....... administratives [...], l'intérêt supérieur de l'enfant doit être la considér....... primordi........ .

Un fougueux soldat

AVEC UNE CORDE à nœuds, il grimpait aux murs des citadelles, la nuit, balancé par l'ouragan, pendant que […] la résine bouillante et le plomb fondu ruisselaient des créneaux. Souvent le heurt d'une pierre fracassa son bouclier. Des ponts trop chargés d'hommes croulèrent sous lui. En tournant sa masse d'armes, il se débarrassa de quatorze cavaliers. Il défit, en champ clos, tous ceux qui se proposèrent. Plus de vingt fois on le crut mort. Grâce à la faveur divine, il en réchappa toujours ; car il protégeait les gens d'église, les orphelins, les veuves, et principalement les vieillards.

Gustave Flaubert, « Saint Julien l'Hospitalier », in *Trois contes*, Folio © Éd. Gallimard, 1990.

 La règle Les finales muettes peuvent être repérées d'après les mots de même famille.

 La méthode **1. Mettre au féminin pour « entendre » la finale**

On peut mettre les adjectifs et certains noms au féminin pour « entendre » la finale : ainsi dans *en champ clos*, le *-s* muet de l'adjectif au masculin devient sonore au féminin : *la porte close*. De même pour *mort/morte ; vieillard/vieillarde*.

2. Chercher des mots dérivés de la même famille

> De nombreux mots ont des dérivés faciles à trouver, conservant le même radical :
   plomb → plomber ; heurt → heurter ; pont → ponton ; champ → champêtre…

> D'autres mots changent de radical et sont donc plus difficiles à orthographier :
   nuit → nocturne ; nœud → nodule…

3. Se rappeler quelques points

> Pour les mots se terminant par *-t*, on trouve souvent un mot dérivé de même famille contenant *ct* ou *c* à la place du *t* :
   nuit → nocturne ; enfant → enfance… **mais** *chant → chanson ; adroit → adresse…*

> Pour les mots se terminant par *-x*, on trouve des dérivés en *s*, *ss* ou *c* :
   choix → choisir ; roux → rousse ; voix → vocal… **mais** *afflux → affluer…*

4. Se méfier des couples de consonnes finales muettes

On peut rencontrer les couples : *-gt (vingt)* ; *-ct (respect)* ; *-ds (poids)* ; *-ps (corps)* ; *-rs (gars)* ; *-ts (puits)* ; *-pt (prompt)* ; *-ls (pouls)*. La recherche de mots de la même famille permet souvent « d'entendre » toutes les consonnes.
   respect → respecter ; pouls → pulsation…

 Rappel Dans les terminaisons verbales, il faut se méfier des groupes de consonnes muettes : *je prends ; je mets…* (voir séquences 18 et 20).

CONSEILS

Il faut retenir les finales muettes des adverbes pour lesquels il n'est pas possible de trouver une famille de mots : *volontiers, hormis, toujours, très, beaucoup…*

EXERCICE ❶

Rayer les mots finissant par -t qui n'ont pas, dans leur famille, de mot contenant -c- à la place du -t. Pour les autres, indiquer un mot de la même famille contenant -c- :

fort, bruit, trait, concurrent, apparent, vert, excellent, régent

....

EXERCICE ❷

Pour chaque mot, compléter le tableau avec des mots de la même famille qui permettent d'entendre la consonne finale muette :

	nom masculin	nom féminin	adj. qualificatif	verbe
croc	....	....	....	....
pied	....	....	....	....
sirop	....	....	....	....
galop	....	....	....	....
souhait	....	....	....	....
nombre de mots à trouver	3	3	5	4

EXERCICE ❸

Pour chaque mot, trouver un adjectif qualificatif de la même famille contenant -ct- :

1. fruit : ....
4. objet : ....

2. nuit : ....
5. point : ....

3. lait : ....
6. produit : ....

EXERCICE ❹

Pour chaque mot, trouver un mot de la même famille dans lequel on entend les deux consonnes finales muettes :

1. instinct :..
4. respect : ....

2. suspect :..
5. corps : ....

3. pouls : ....
6. doigt : ....

EXERCICE ❺

Compléter les mots avec la (ou les) consonne(s) finale(s) muette(s) :

Le chan… du coq vibra dans l'air ; c'était le jour. Puis, au bor… d'un cham…, il vit à trois pa… d'intervalles, des perdrix rouges. […] Il enfonça la porte d'un cou… de poin… et entra. Les vitraux garnis de plom… atténuaient la pâleur de l'aube. Il se prit les pie… dans des vêtements.

⑤ Les doubles consonnes

Arthur, mon clown parapluie

LE PLUS GRAND AMI que j'avais à l'époque était un parapluie nommé Arthur que j'avais habillé des pieds à la tête. Je lui avais fait une tête avec un chiffon vert et un visage sympa, avec un sourire et des yeux ronds. [...] J'avais un pardessus trop grand qui m'arrivait aux talons et je mettais un chapeau melon, je me barbouillais le visage de couleurs et avec mon parapluie Arthur, on était marrants tous les deux. Je faisais le rigolo sur le trottoir et je réussissais à ramasser jusqu'à vingt francs par jour. [...] Arthur était habillé avec un veston à carreaux sur un cintre que je lui avais attaché avec des ficelles...

Émile Ajar, *La Vie devant soi* © Mercure de France, 1975.

♥ La règle Certaines consonnes peuvent être doublées, d'autres non.

✂ La méthode **1. Retenir que certaines consonnes ne se doublent pas**

> On ne double jamais *h, j, k, q, v, w, x* et rarement *b, d, g, z*.
À retenir : *jazz, pizza, addition, aggraver, suggérer, abbé, abbaye.*

> On ne trouve pas de double consonne à droite d'une consonne différente : *ainsi, poursuivre* **sauf pour** *que je tinsse..., que je vinsse..., transsibérien...*

> On ne double pas la consonne à droite d'une voyelle accentuée : *âne, guêpe, éléphant, hôtel, je gèle...* **sauf pour** *une châsse, un châssis, que je crûsse.*

> On ne trouve pas de double consonne à droite d'un *e* non accentué dans la prononciation : *nous jetons, appeler...* **sauf pour** *interpeller, dentellière.*

> On ne double pas la consonne, sauf *s*, à droite des digrammes *ai, ei, oi, au, eu* : *paire, heureux, voile, épaule...* **mais** *chauffer..., coiffer..., beurrer...*

2. Savoir quelles consonnes peuvent se doubler

> On double souvent *c, f, l, m, n, p, r, s, t*.
  chiffon, nommé, marrant, trottoir...

> On double certaines consonnes **d'après leur prononciation** :
– *ss* entre deux voyelles : *pardessus, réussissais, ramasser...*
– *cc* suivi de *e, i, y* : *accepter, accident...*
– *ll* précédé de *i* : *habillé, briller...*

> On double le *n* dans le féminin des mots terminés au masculin par *-en* et *-on*.
  baron/baronne ; chien/chienne...

🔔 Rappel En français, un mot ne peut pas se terminer par une consonne double, mais quelques mots empruntés à l'anglais ne suivent pas cette règle. On doit connaître : *un cross, le football, un hall, un pull, miss.*

CONSEILS
Il faut être attentif à la prononciation qui donne de précieux indices : *succès, sucette.*

EXERCICE 1

Rayer les six groupes de consonnes que l'on ne peut pas trouver dans un mot français :

RFF – FFR – MSS – NSS – NLL – PPR – RBB – CCR – TTR – RNN – LSS – PPL

EXERCICE 2

Indiquer le féminin de chaque mot :

1. francilien → ....

2. partisan → ....

3. cochon → ....

4. américain → ....

5. canadien → ....

6. cousin → ....

7. courtisan → ....

8. indien → ....

9. brun → ....

10. maçon → ....

EXERCICE 3

Doubler la consonne si nécessaire :

J'avais dem…andé à Monsieur N'Da Amédée de me prêt…er des vêt…ements pour mon parapluie. Il m'a em…ené avec lui au Pul… d'Or, boulevard de Bel…eville où c'est plus chic et il m'a lais…é chois…ir ce que je voulais. […]

Monsieur Hamil n'était pas content, il dis…ait qu'Arthur res…emblait à un fét…iche. Je dormais avec Arthur ser…é dans mes bras.

Émile Ajar, *La Vie devant soi* © Mercure de France, 1975.

EXERCICE 4

Choisir le bon mot pour compléter chaque phrase :

1. Il a du mal à marcher sans .... (*cane* ou *canne*).

2. En forêt se déroule une chasse à .... (*coure* ou *courre*).

3. La sorcière chevauche son .... (*balai* ou *ballet*).

4. À quelle .... (*date* ou *datte*) penses-tu arriver ?

5. Ils ont fait une belle .... (*balade* ou *ballade*) dans la campagne.

EXERCICE 5

Indiquer le sens de chacun des mots non utilisés dans l'exercice 4 :

1. ....

2. ....

3. ....

4. ....

5. ....

⑥ La lettre *h*

Mystère… Mystère…

C'ÉTAIT la deuxième maison à droite, une des rares à égaler l'hôtel en hauteur. Elle se trouvait dans un pan d'obscurité complète et pourtant l'inspecteur eut l'impression qu'une lueur se reflétait sur une vitre sans rideau du second étage.

Petit à petit, il s'aperçut que ce n'était pas un reflet venu du dehors, mais une faible lumière intérieure. À mesure qu'il fixait le même point de l'espace, des choses y naissaient.

Un plancher ciré… Une bougie à demi brûlée dont la flamme était toute droite, entourée d'un halo…

Georges Simenon, *Le Chien jaune* © 2006 The Estates G. Simenon.
Tous droits réservés.

 La règle La lettre *h* est souvent repérable grâce à la prononciation.

 La méthode **1. Être attentif à la prononciation**

> En début de mot, la présence d'un *h* « aspiré » est révélée par l'impossibilité d'élider l'article qui le précède.

le halo, la hauteur (et non « l'halo » et « l'hauteur »)

> À l'intérieur d'un mot, la présence de la lettre *h* permet de prononcer séparément deux voyelles qui se prononceraient différemment si elles étaient placées côte à côte.

*enva*h*ir, co*h*ue…* (sans la lettre *h*, *a + i = ai* et *o + u = ou*)

2. Chercher des mots de la même famille

À l'intérieur d'un mot, la lettre *h* se trouve souvent à la jonction préfixe/radical :

de/hors → *hors de*…; *co*/habiter → *habiter*…

Le mot radical est parfois plus courant que le mot composé.

3. Retenir certains mots qui comportent un *h* « muet »

> En début de mot, le *h* « muet » doit être mémorisé pour les mots courants : *l'hôtel, l'heure, l'herbe, l'habitude, l'humeur…*

> À l'intérieur des mots, d'origine grecque en particulier, le *h* « muet » est souvent présent à droite des lettres *c, r* ou *t* : *t*h*éâtre, c*h*orale, r*h*inocéros…*

 Rappel
- Beaucoup d'interjections contiennent la lettre *h*, au début ou à la fin :
ah ! hélas ! hourra ! hurrah ! ho ! oh ! hi-han…
- Le *ï* a le même rôle que la lettre *h* : *tra*h*ir* ; *haïr.*

CONSEILS

En cas de doute, il ne faut pas vouloir à tout prix compliquer l'orthographe en ajoutant un *h*.

6

EXERCICE ❶

Trouver un nom commençant par *h* et répondant à chaque définition :

1. Oiseau de proie nocturne → …………………………

2. Engin volant grâce à des pales qui tournent → …………………………

3. Forme géométrique à six angles et six côtés → …………………………

4. Échassier vivant au bord de l'eau → …………………………

5. Petit rongeur → …………………………

6. Cheval de mer → …………………………

7. Insecte coléoptère → …………………………

EXERCICE ❷

Dans la liste suivante, souligner les mots commençant par un *h* « aspiré » :

hérisson, héros, hypothèse, hermine, heure, horizon, hareng, hymne, hippopotame, hache, héron, hautbois, hypoténuse, houx, habitude, homme, harmonica, homard, harpe

EXERCICE ❸

Trouver pour chaque mot un synonyme contenant la lettre *h* :

1. maladroit → …………………………… **4.** privé de son eau → …………………………

2. désert → …………………………… **5.** nu → …………………………………

3. infortuné → …………………………… **6.** bousculade → …………………………

EXERCICE ❹

En utilisant les préfixes proposés, composer des mots de la famille de ceux qui figurent dans la colonne A. Tous doivent comporter la lettre *h*.

A	mal-	dés-	in-	sur-	co-	
habiter	…………	…………	…………	…………	…………	2
humain	…………	…………	…………	…………	…………	3
honnête	…………	…………	…………	…………	…………	1
hausser	…………	…………	…………	…………	…………	1
héritage	…………	…………	…………	…………	…………	2
habituer	…………	…………	…………	…………	…………	2
	1	3	3	2	2	

Les adverbes en -*ment*

Étrange poisson...

« **I**L Y A une chose noire qui se montre de temps en temps dans le sillage, dit l'enfant, et qui nous suit.

– J'ai beau avoir quarante ans, dit le père, je crois que j'ai encore de bons yeux. Mais je ne remarque absolument rien. » […]

Le K est un poisson de très grande taille, affreux à voir et extrêmement rare. Selon les mers et les riverains, il est indifféremment appelé kolomber, kahloubrha, kalonga, kalu, balu, chalung-gra.

Dino Buzzati, Le K, trad. Jacqueline Remillet, Le Livre de poche © Éd. Laffont, 1967.

La règle L'orthographe d'un adverbe en -*ment* dépend de son adjectif de base.

La méthode **1. Déterminer quel adjectif sert de base à l'adverbe en -*ment***

> L'adverbe peut être formé sur le **féminin** des adjectifs.

doux → douce (féminin) *→ douce**ment***
extrême (masculin et féminin) *→ extrême**ment***

> Lorsque l'adverbe est formé sur un adjectif terminé par -*ant* ou -*ent* :
– il se termine par -*amment* si l'adjectif est en -*ant*.

*suffisant → suffis**amment**; brillant → brill**amment***

– il se termine par -*emment* si l'adjectif est en -*ent*.

*indifférent → indiffér**emment**; prudent → prud**emment***

2. Veiller à quelques particularités

> Les adjectifs qui se terminent par -*ai*, -*é*, -*i*, -*u*, et dont le féminin est en -*aie*, -*ée*, -*ie*, -*ue*, perdent leur -*e* final devant le suffixe -*ment*.

absolu → absolue **mais** *absolument*

> Le -*e* final est remplacé par un accent circonflexe pour les adverbes suivants : *assidûment, continûment, crûment, dûment, goulûment, incongrûment, indûment.*

> Certains adverbes ont leur avant-dernière syllabe accentuée : -*ément*.

aveuglément, commodément, énormément, intensément, profondément...

Rappel On peut écrire *gaiement* ou *gaîment*.
On écrit *gentiment* (de *gentil*), *impunément* (de *impuni*), *brièvement* (de *bref*).

CONSEILS

Quand on entend à la **prononciation** que l'adverbe se termine par -*amment*, on est sûr qu'il faut doubler le *m*.
Mais l'avant-dernière syllabe peut être en -*a*- ou en -*e*- et avoir la même prononciation, comme pour *prudemment* et *brillamment*. Il est alors nécessaire de se reporter à l'adjectif de base pour bien l'orthographier (voir ci-dessus).

EXERCICE 1

À l'aide du suffixe *-ment*, former les adverbes correspondant à ces adjectifs :

1. léger → ....
6. précis → ....

2. tranquille → ....
7. bruyant → ....

3. cru → ....
8. patient → ....

4. fort → ....
9. obscur → ....

5. gentil → ....
10. effroyable → ....

EXERCICE 2

Dans chaque série d'adverbes, rayer l'intrus et expliquer ce choix :

1. puissamment, brillamment, firmament, savamment : ....

2. lentement, activement, lestement, appartement : ....

3. prudemment, moyennement, activement, passivement : ....

4. absolument, éperdument, poliment, gentiment : ....

5. poliment, remerciement, joliment, hardiment : ....

EXERCICE 3

Compléter ce texte avec des adverbes en *-ment* formés sur les adjectifs *abominable, entier, gentil, patient, seul, violent* :

Il y a neuf ans, mon ami Stéphane fut atteint par le virus de l'automobile. ....

il gagnait peu et l'objet de ses rêves restait .... lointain.

Sa femme affirmait qu'il avait de quoi vivre .... et que Stéphane devait

attendre ....

Un jour, la voiture de Stéphane s'est mise en route toute seule et s'est écrasée

.... contre un mur. Elle fut .... carbonisée.

D'après D. Buzzati, « Suicide au parc », in *Le K* © Éd. Laffont, 1967.

EXERCICE 4

Indiquer l'adjectif sur lequel chaque adverbe a été formé :

1. brièvement → ....
7. impunément → ....

2. grièvement → ....
8. obstinément → ....

3. ardemment → ....
9. quotidiennement → ....

4. gravement → ....
10. partiellement → ....

5. puissamment → ....
11. différemment → ....

6. obligeamment → ....
12. méchamment → ....

8 Homonymes et paronymes

Des arbres accueillants

ILS M'ACCUEILLENT avec prudence. Je peux me reposer, me rafraîchir, mais je devine qu'ils m'observent.

Ils vivent en famille, les plus âgés au milieu et les petits, ceux dont les premières feuilles viennent de naître, un peu partout, sans jamais s'écarter. […]

Je sens qu'ils doivent être ma vraie famille. J'oublierai vite l'autre. Ces arbres m'adopteront peu à peu.

Jules Renard, *Histoires naturelles*, 1896.

 La règle Homonymes et paronymes sont des mots semblables ou proches par la prononciation mais différents par l'orthographe et le sens. Pour éviter les erreurs, il faut comprendre ces mots dans leur contexte.

 La méthode **1. Comprendre les mots dans leur contexte**

> **Les homonymes** (ou homophones), s'ils se prononcent de la même façon, n'ont pas la même orthographe et surtout pas le même sens.

Il faut donc comprendre le mot dans son contexte pour choisir la bonne orthographe.

je peux me reposer → **verbe** *pouvoir* au présent de l'indicatif

un peu partout → **adverbe** qui modifie le sens de *partout*

je sens → **verbe** *sentir* au présent de l'indicatif

sans s'écarter → *sans* est une **préposition**

> **Les paronymes** diffèrent légèrement par la prononciation, mais, dans la langue courante, on finit par utiliser à tort un mot pour un autre : *avènement* et *événement* ; *irruption* et *éruption* ; *éminent* et *imminent*…

Il est essentiel de connaître le sens exact de ces mots et de les situer dans leur contexte.

2. Mémoriser quelques homonymes et paronymes courants

> **Des homonymes lexicaux** : *cour/cours/court/courre* ; *saut/seau/sceau/sot* ; *ver/vers/verre/ vert/vair* ; *sang/sans/sens/sent/cent* ; *air/aire/ère/hère*.

> **Des homonymes grammaticaux** comme *c'est, s'est, sais…* : voir p. 36 à 39.

> **Des paronymes** : *affermir* (= ferme) et *affirmer* ; *affluent* (cours d'eau) et *influent* ; *avènement* (d'un roi) et *événement* ; *important, importun* (qui gêne) et *opportun* (qui arrive au bon moment) ; *imprudence* et *impudence* (audace) ; *perpétrer* (commettre) et *perpétuer* (faire durer) ; *prodige* (prodigieux) et *prodigue* (dépensier)…

 Rappel Attention à la prononciation qui provoque des confusions : à l'oreille, on ne fait pas de différence entre *il l'avait* et *il lavait*. Ce sont des homophones de discours.

CONSEILS

En dictée, quand le contexte immédiat ne suffit pas pour déterminer le sens de l'homonyme, il vaut mieux attendre de connaître tout le texte et revenir ensuite vers le mot à orthographier. Sans connaître la suite, comment savoir ce qu'il faut écrire dans la phrase : *Il aperçut par terre sous la pluie un (ver/verre)*.

EXERCICE ❶

Compléter les phrases suivantes en choisissant l'homonyme qui convient :

1. *port, porc* ou *pore* ?

a. Cette femme a un .... de tête remarquable.

b. Le bateau rentre au .... en pleine tempête.

c. Au microscope, on peut observer chaque .... de la peau.

2. *ver, vert, verre, vers* ou *vair* ?

a. Il remplit son .... d'un liquide tout ....

b. Le poète n'arrivait plus à écrire un seul ....

c. Le soulier de Cendrillon était de ....

3. *air, aire, ère* ou *hère* ?

a. L'automobiliste s'arrête sur l'..................... de repos.

b. Cet homme est un pauvre ....

c. Les animaux préhistoriques vivaient à une autre ....

EXERCICE ❷

Souligner l'homonyme qui répond à chaque définition :

1. Le chien en a quatre → pattes/pâtes

2. Celui de veau est savoureux → ri/riz/ris

3. C'est un délicieux fruit sec → amende/amande

4. C'est une jolie promenade → balade/ballade

EXERCICE ❸

Compléter les phrases avec le paronyme qui convient :

1. a. Cet enfant est un vrai .... au piano. **b.** Cet homme est si .... qu'il ne garde rien pour lui. (prodigue/prodige)

2. L'accident est dû à son .... (imprudence/impudence)

3. a. Quelle chance ! Tu es venu au moment .... ! **b.** Cet individu me dérange : quel .... ! (importun/opportun)

EXERCICE ❹

Trouver l'homonyme du mot en gras correspondant à la définition :

1. bête et .... (Légume qui est bon à manger.)

2. statue et .... (Texte établissant des règles.)

3. pou et .... (Il faut le surveiller chez un sportif en plein effort.)

9 Le genre des noms

La franchise de Maître Jacques

Maître Jacques, le valet, s'adresse à Harpagon, l'avare.

« **M**ONSIEUR, puisque vous le voulez, je vous dirai franchement qu'on se moque partout de vous ; qu'on nous jette de tous côtés cent brocards* à votre sujet […]. L'un dit que vous faites imprimer des almanachs particuliers où vous faites doubler les vigiles**, afin de profiter des jeûnes où vous obligez votre monde ; l'autre, que vous avez toujours une querelle prête à faire à vos valets dans le temps des étrennes, pour vous trouver une raison de ne leur donner rien. »

Molière, *L'Avare*, III, 1, 1668 © Classiques Larousse.

* **brocard** : plaisanterie malveillante.
** **vigile** : veille.

 La règle Il est indispensable de connaître le genre des noms pour pouvoir réaliser les accords dans un groupe nominal ou une phrase.

 La méthode **1. Déterminer le genre des noms pour faire les accords**

Dans le groupe nominal *des almanachs particuliers*, il n'y a pas de problème pour faire l'accord : d'après la prononciation, on sait que l'adjectif *particulier* est au masculin. Mais si à la place de *particulier* on a à écrire *bleu*, il est **absolument nécessaire** de savoir si *almanach* est **masculin** ou **féminin** pour écrire *bleu* ou *bleue*.

2. Chercher des expressions connues qui utilisent le nom

Comment savoir si on écrit *cet autoroute* ou *cette autoroute* ? On peut penser à la racine *route* qui est féminin ou à une expression comme *la belle autoroute du Sud*.

3. Se méfier des homonymes

Dans le texte de Molière, *vigiles* est un mot féminin, *une vigile* désignant le fait de *veiller*. Pourtant, dans la langue courante actuelle, le même mot est surtout masculin, *un vigile* désignant un garde qui assure la surveillance d'un lieu.
Il est donc nécessaire de se méfier de ce genre de « faux ami » !

4. Vérifier dans le dictionnaire

Pour éviter les erreurs, il faut donc vérifier dans le dictionnaire quand on écrit pour soi et que l'on n'est pas en situation de dictée !
Brocard et *jeûne* sont des noms masculins ; *étrennes* est féminin pluriel.

 Rappel On dit : *un aparté, un éloge, un haltère, un itinéraire, un obélisque, un orgue.*
On dit : *une algèbre, une atmosphère, une écumoire, une épithète, une amygdale.*
Le mot *amour* est masculin au singulier et féminin au pluriel.

CONSEILS

Il est possible de rattacher certains mots à des « séries » (voir p. 10).

EXERCICE ❶

Placer les noms dans le tableau, en les regroupant selon leur genre :

intervalle, interstice, apostrophe, anecdote, autographe, autoroute, harmonica, accordéon, orgue, pétale, ellipse, ouate, aparté, icône, atmosphère, épiderme, amygdale, amphore

noms masculins	noms féminins
....	....
....	....
....	....

EXERCICE ❷

Accorder, si nécessaire, les déterminants et les adjectifs avec les noms :

1. Le nom est accompagné de nombreu...... épithètes.

2. Ces orchidées sont très épanoui...... .

3. Je regarde ce...... grand...... planisphère.

4. On lui a fait les plus brillant...... éloges.

5. Il faut mettre un...... astérisque à côté des mots inconnus.

6. Ses amygdales sont enflammé...... .

EXERCICE ❸

Placer *ce* ou *cette* devant les mots suivants :

.... tribu .... tribut .... statut .... statue

.... globule .... mandibule .... stalactite .... mite

.... mythe

EXERCICE ❹

Placer *cet* ou *cette* devant les mots suivants :

.... itinéraire .... asphyxie .... acné .... appendice .... exode

EXERCICE ❺

Choisir la bonne orthographe et rayer la forme qui ne convient pas :

Oui, ma fille, oui, mon fils, je suis dom Thomas d'Alburcy, que le ciel garantit des ondes (déchaînés/déchaînées) avec (tout/toute) l'argent qu'il portait et qui, vous croyant morts, se préparait à profiter de (doux/douces) amours pour se consoler.

D'après Molière, *L'Avare*.

Un fameux trésor

NOUS TROUVÂMES des diamants, dont quelques-uns très beaux, – en tout cent dix, dont pas un n'était petit ; dix-huit rubis d'un éclat remarquable ; trois cent dix émeraudes, toutes très belles ; vingt et un saphirs et une opale. […] Outre tout cela, il y avait une énorme quantité d'ornements en or massif ; – près de deux cents bagues ou boucles d'oreilles massives ; de belles chaînes, au nombre de trente, si j'ai bonne mémoire ; quatre-vingt-trois crucifix très grands et très lourds ; […] deux poignées d'épée merveilleusement travaillées, et une foule d'autres articles plus petits. […] Nous évaluâmes cette nuit le contenu total du coffre à un million et demi de dollars.

Edgar Allan Poe, *Le Scarabée d'or*, 1833.
Traduction Ch. Baudelaire © Éd. Gallimard, 1994.

 La règle L'adjectif numéral cardinal est invariable sauf *vingt* et *cent* qui varient dans certains cas.

 La méthode **1.** **Connaître la forme de l'adjectif numéral cardinal**

> L'adjectif numéral cardinal peut être simple : *un, deux, trois…*

> Il peut être composé : *cent dix, trois cent dix…*
– On met un trait d'union entre dizaine et unité : *dix-huit, quatre-vingt-trois.*
– Le trait d'union est inutile quand il y a *et* : *vingt et un.*

2. Penser aux accords particuliers
L'adjectif numéral cardinal est invariable, **sauf** <u>*vingt*</u> et <u>*cent*</u> qui prennent un **s** s'ils sont **multipliés** et **non suivis d'un autre nombre** :
    deux cent<u>s</u> (2 x 100) **mais** *trois cent dix* ([3 x 100] + 10)
    quatre-vingt<u>s</u> (4 x 20) **mais** *quatre-vingt-trois* ([4 x 20] + 3)

3. Faire attention à la valeur de l'adjectif numéral
> *Vingt* et *cent* restent invariables quand ils ont une valeur ordinale.
    *Ouvrez votre livre à la page **quatre-vingt** (à la quatre-vingtième page).*
> *Mille* est toujours invariable et peut s'écrire *mil* dans les dates.
    *trois **mille** pages   en **mil** neuf cent trente*
> *Millier, million* et *milliard* ne sont pas des adjectifs mais des noms variables.
    plusieurs millier<u>s</u>, un million, trois million<u>s</u>, deux milliard<u>s</u>

 Rappel • *Demi* est invariable lorsqu'il est à gauche du nom.
        une demi-heure **mais** *une heure et demie*
    • L'adjectif numéral cardinal *un* s'accorde en genre avec le nom qu'il complète.
        vingt et un saphirs et une opale

CONSEILS

Il faut se souvenir que l'adjectif numéral reste invariable même s'il est précédé d'un déterminant pluriel : *les quatre filles, les cent pages du livre…*

EXERCICE ➊

Écrire en lettres les nombres écrits en chiffres entre parenthèses :

« Voilà, exposa le chef. Il y en a déjà (27) .... qui peuvent payer

et j'ai pas pu envoyer de lettre à tous. Nous sommes (85) ....

Quels sont ceux à qui j'ai pas écrit et qui ont aussi un sou à eux ? Levez la main ! »

(53) .... mains se dressèrent.

« Ça fait donc (80) .... sous. »

D'après L. Pergaud, La Guerre des boutons © Éd. Gallimard, 1995.

EXERCICE ➋

Trouver les expressions qui contiennent toutes un nom de nombre et qui correspondent aux définitions suivantes. Les nombres à trouver figurent dans cette liste : 4 – 16 – 36 – 100 – 200 – 400 – 500 – 1 000 – 36 000.

1. Il est habillé avec beaucoup de soin : il est tiré ....

2. Elle a reçu un livre sur la tête : elle a vu ....

3. Je parie que vous ne devinerez pas ce qui m'arrive ! Je vous ....

4. Elle vit modestement car elle ne gagne pas ....

5. Je suis très énervé et inquiet, je suis vraiment aux ....

EXERCICE ➌

Écrire en lettres les nombres suivants :

1. 1 300 : ....

2. 882 : ....

3. 10 480 : ....

4. page 200 : ....

5. 200 000 000 : ....

6. En l'an 2022 : ....

EXERCICE ➍

Souligner l'intrus dans chaque série et expliquer ce choix :

1. deux, douze, vingt, cinq, cinquante : ....

2. quatre cents, quatre-vingts, mille quatre-vingts, mille cent vingt : ....

....

3. mille, millier, million, milliard : ....

4. mille deux cents, trois cent douze, cinq cents, trois cents millions : ....

....

La fille du boulanger

« **L**A FILLE DU BOULANGER se tient debout dans un cône de lumière, près d'une fenêtre, commençai-je. Elle est tournée vers nous, mais elle regarde par la fenêtre à sa droite. Elle porte un corselet de soie et de velours, une jupe bleu foncé et une coiffe blanche qui se termine par deux pointes sous son menton.

– Tu veux dire comme tu portes la tienne ? demanda mon père. [...]

– Oui, comme la mienne. Si vous regardez cette coiffe un moment, ajoutai-je précipitamment, vous vous apercevez qu'il ne l'a pas peinte vraiment blanche mais bleu, violet et jaune.

Tracy Chevalier, *La jeune Fille à la perle* © Folio, Quai Voltaire/La Table Ronde, 2000.

 La règle Un adjectif de couleur s'accorde en genre et en nombre avec le nom qu'il complète, sauf si c'est un nom employé comme adjectif de couleur ou si c'est un adjectif de couleur composé.

 La méthode **1. Accorder l'adjectif de couleur comme tout autre adjectif**

Les adjectifs de couleur prennent la marque du féminin et généralement un -*s* au pluriel.
une coiffe blanche ; des chapeaux blancs, verts...

2. Prêter attention aux noms employés comme adjectifs de couleur

> Ces noms restent en principe invariables.
des yeux marron (de la couleur du marron)
des cheveux paille (de la couleur de la paille)

> **Mais** *écarlate, fauve, incarnat, mauve, pourpre* et *rose* s'accordent en nombre avec le nom qu'ils complètent.
les joues roses ; les rideaux pourpres...

3. Ne pas accorder les adjectifs de couleur composés

Lorsque l'adjectif de couleur est accompagné d'un nom employé comme adjectif ou d'un autre adjectif, il reste invariable.
une jupe bleu foncé (d'un bleu foncé)
des vestes vert amande (d'un vert couleur de l'amande)

 Rappel Dans un adjectif de couleur composé, les mots peuvent être :
– juxtaposés : *bleu foncé, vert clair... ;*
– séparés par un trait d'union : *bleu-vert... ;*
– séparés par une virgule et coordonnés : *La coiffe [...], il ne l'a pas peinte vraiment blanche, mais **bleu, violet et jaune**.*

CONSEILS

La plupart des noms utilisés comme adjectifs de couleur sont familiers : *olive, moutarde, orange, mandarine* ou assez courants : *kaki, bordeaux*. Ils sont <u>invariables</u>.

EXERCICE ❶

Dans le texte suivant, écrire comme il convient les adjectifs de couleur :

Les mûres sont petites, (**noir brillant**) .... Mais on préfère goûter en cueillant celles qui gardent encore quelques grains (**rouge**) ...., un goût acidulé. On a vite les mains tachées de (**noir**) .... On les essuie tant bien que mal sur les herbes (**blond**) .... En lisière du bois, les fougères se font (**roux**) ...., et pleuvent en crosses recourbées au-dessus des perles (**mauve**) .... de bruyère.

Philippe Delerm, *La Première Gorgée de bière et autres plaisirs minuscules* © Gallimard, 1997.

EXERCICE ❷

Compléter les expressions suivantes avec l'adjectif de couleur qui convient. Penser aux accords si nécessaire.

1. Elle avait eu si peur qu'elle était .... comme un linge.

2. Ils ont couru et sont .... comme des pivoines.

3. Il a mal au foie ! Son visage et ses mains sont aussi .... qu'un coing.

4. Ces fillettes sont .... comme les blés.

5. Cette personne porte des vêtements .... comme pour un enterrement.

6. On se représente les martiens comme des petits bonshommes ....

EXERCICE ❸

Accorder les adjectifs si nécessaire et justifier ce choix :

1. Les treillis des soldats sont kaki...... . → ....

2. Sa blouse gris......perle est toujours impeccable. → ....

3. Ses cheveux sont-ils marron...... ou brun...... ? → ....

4. Elle hésite entre des gants orange...... ou beige...... . → ....

5. On avait hissé des drapeaux pourpre...... . → ....

6. Ses tentures étaient rouge......sang...... . → ....

EXERCICE ❹

Rayer l'intrus et expliquer ce choix :

1. rose, mauve, pourpre, orange, écarlate → ....

2. kaki, olive, vert, bordeaux, moutarde → ....

3. bleu foncé, vert olive, gris bleu, mandarine → ....

4. rouge, marron, jaune, vert, blanc, bleu → ....

5. rose, blanc, incarnat, fauve, pourpre → ....

Jolis monstres !

QUITTANT LA CAGE où ils étaient enfermés, les monstres passèrent un à un à proximité d'une torche et on put découvrir un spectacle fantastique. D'abord, apparut une femme incroyablement velue, [...] entièrement couverte de poils, des pieds à la tête. Elle était suivie de près par une autre femme à la peau verdâtre et de consistance étrange, un peu comme des écailles de poisson. Après elles, venait un authentique cyclope, avec un œil au milieu du visage. Il était vêtu d'une tunique de peaux de bêtes et tenait par le bras un homme à tête d'éléphant [...]. Le dernier à sortir de la cellule était affligé d'une difformité extraordinaire : il était plat !... On aurait dit qu'il sortait d'un pressoir...

Jean-François Nahmias, *Titus Flaminius. La Fontaine aux vestales*, 2003, avec l'aimable autorisation des Éditions Albin Michel.

♥ La règle Le participe passé des verbes conjugués avec l'auxiliaire *être* s'accorde en genre et en nombre avec le sujet.

 La méthode **1. S'assurer que le participe passé est conjugué avec *être***

L'auxiliaire *être* peut se présenter sous la forme du participe passé *été* lorsqu'il est lui-même conjugué avec l'auxiliaire *avoir*.

> *ils **étaient** enfermé**s**; ils avaient **été** enfermé**s***

Dans les deux cas, le participe passé *enfermé* est conjugué avec l'auxiliaire *être*.

2. Accorder le participe passé conjugué avec *être*

Le participe passé des verbes conjugués avec *être* s'accorde **en genre et en nombre** avec le sujet.

> *ils **étaient** enfermé**s*** : sujet *ils*, masc. plur. → participe passé *enfermés* au masc. plur.
> *elle **était** suivi**e*** : sujet *elle*, fém. sing. → participe passé *suivie* au fém. sing.
> *il **était** vêtu; le dernier **était** affligé* : sujets au masc. sing. → les participes ne reçoivent pas de terminaison supplémentaire.

3. Faire l'accord, même si *être* est au participe présent

> *les monstres **étant** enfermé**s***

L'auxiliaire *être* se présente sous la forme du participe présent *étant*; le participe passé *enfermés* s'accorde avec le sujet *les monstres*.

 Rappel Le participe passé des verbes impersonnels conjugués avec l'auxiliaire *être* reste invariable : *il est tombé une pluie fine*.

 CONSEILS

Si on a la certitude que le participe passé est utilisé seul, sans auxiliaire, il faut l'accorder en genre et en nombre avec le nom qu'il complète : *les **monstres** enfermé**s** sont affreux.*

Corrigés des exercices

Séquence 1, p. 6-7

EXERCICE 1 : *personn-* : personnage, personnel, personnifier, personnellement. *terr-* : terreur, terrifier, terrible, terrifiant. *-di* : lundi, midi, samedi, jeudi. *terr-* : terrier, terrestre, territoire, terrain. *chauff-* : échauffement, chauffer, réchauffement, chauffage.
EXERCICE 2 : **1.** intrus : recenser ; radical : *sens-*. **2.** intrus : sentier ; radical : *sent-*. **3.** intrus : barrissement ; radical : *barr-*. **4.** intrus : décolleté ; radical : *coll-*.
EXERCICE 3 : **1.** essoufflé, boursouflure, soufflerie, boursouflé ; radicaux : *souffl-* et *soufl-*. **2.** nomination, nommer, renommée, nominatif ; radicaux : *nomm-* et *nomin-*. **3.** fleurir, floraison, florilège, fleuriste ; radicaux : *fleur-* et *flor-*. **4.** sifflement, persifleur, siffler, persiflage ; radicaux : *siffl-* et *sifl-*. **5.** combattre, combat, débattre, combatif, combattant ; radicaux : *batt-* et *bat-*.
EXERCICE 4 : **1.** photographié. **2.** orthographe. **3.** télégraphiques.

Séquence 2, p. 8-9

EXERCICE 1 : **1.** ra/patrier ≠ expatrier. **2.** per/suader ≠ *dissuader*. **3.** af/firmer ≠ *infirmer*. **4.** im/porter ≠ exporter. **5.** ap/porter ≠ *emporter*. **6.** in/haler ≠ exhaler. **7.** dis/socier ≠ *associer*. **8.** ex/humer ≠ *inhumer*. **9.** dis/culper ≠ *inculper*.
EXERCICE 2 : **1.** *sur*sauter. **2.** *sub*venir. **3.** *con*venir. **4.** *dé*tenir. **5.** *par*venir ou *ob*tenir. **6.** *sou*tenir.
EXERCICE 3 : *ad-* : admission ; apposer ; apprendre ; adjonction ; apporter. *in-* : imposer ; injonction ; importer. *ob-* : omission ; opposer. *con-* : commission ; composer ; comprendre ; conjonction ; comporter. *sub-* : soumission ; supposer ; supporter.
EXERCICE 4 : **1.** *ra*platir. **2.** *re*nouveler. **3.** *ré*nover. **4.** *ra*petisser. **5.** *re*verdir. **6.** *ra*jeunir. **7.** *ra*lentir. **8.** *ré*chauffer. **9.** *ra*fraîchir.

Séquence 3, p. 10-11

EXERCICE 1 : **1.** antiqu*ité*, antiqu*aire*. **2.** acclam*er*, acclam*ation*. **3.** circul*aire* ; circul*ation*. **4.** observ*atoire*, observ*ateur*, observ*ation*. **5.** tri*er* ; tri*age*.
Suffixes : -ité, -aire, -ation, -(at)oire, -(at)eur, -er, -age.
EXERCICE 2 : *-ation* : plant*ation* ; exploit*ation*. *-ique* : poli*tique* ; métr*ique*. *-eur* : lourd*eur* ; plant*eur* ; métr*eur* ; exploi*teur*. *-esse* : polit*esse*. *-aud* : lourd*aud*.
EXERCICE 3 : **1.** publique : seul mot qui se termine par *-ic* au masculin (public). **2.** coloris : seul mot en *-is* issu d'un verbe en *-ier* (qui devrait donc se finir par *-i*). **3.** claire : féminin qui donne *clair* au masculin. **4.** ration, qui ne contient pas le suffixe *-ation*.
EXERCICE 4 : publ*iques* ; soci*ale* ; autorités ; considér*ation* primordi*ale*.

Séquence 4, p. 12-13

EXERCICE 1 : Mots à rayer : bruit et vert. Mots contenant *c* : fort/force ; trait/tracer ; concurrent/concurrence ; apparent/apparence ; excellent/excellence ; régent/régence.
EXERCICE 2 : **noms masculins** : crochet, pédalier, galopin ; **noms féminins** : croche, pédale, galopade ; **adj. qualificatifs** : crochu, pédestre, sirupeux, galopeur, souhaitable ; **verbes** : crocheter, pédaler, galoper, souhaiter.

Séquence 5, p. 14-15

EXERCICE 1 : à rayer : RFF, MSS, NLL, RBB, RNN, LSS.
EXERCICE 2 : **1.** francilienne. **2.** partisane. **3.** cochonne. **4.** américaine. **5.** canadienne. **6.** cousine. **7.** courtisane. **8.** indienne. **9.** brune. **10.** maçonne.
EXERCICE 3 : demand*é* ; prêt*er* ; vêtements ; *em*mené ; Pu*ll* ; Be*ll*eville ; lais*s*é ; choisir ; disait ; res*s*emblait ; fétiche ; ser*r*é.
EXERCICE 4 : **1.** canne. **2.** courre. **3.** balai. **4.** date. **5.** balade.
EXERCICE 5 : **1.** cane : femelle du canard. **2.** coure : subjonctif présent 1re et 3e p. du sing. du verbe *courir*. **3.** ballet : danse. **4.** datte : fruit du dattier. **5.** ballade : poème.

Séquence 6, p. 16-17

EXERCICE 1 : **1.** hibou. **2.** hélicoptère. **3.** hexagone. **4.** héron. **5.** hamster. **6.** hippocampe. **7.** hanneton.
EXERCICE 2 : mots à souligner : hérisson, héros, hareng, hache, héron, hautbois, houx, homard, harpe.
EXERCICE 3 : **1.** malhabile. **2.** inhabité. **3.** malheureux. **4.** déshydraté. **5.** déshabillé. **6.** cohue.
EXERCICE 4 : *mal-* : *mal*honnête. *dés-* : *dés*humaniser ; *dés*hériter ; *dés*habituer. *in-* : *in*habité ; *in*humain ; *in*habituel. *sur-* : *sur*humain ; *sur*hausser. *co-* : *co*habiter ; *co*hériter.

Séquence 7, p. 18-19

EXERCICE 1 : **1.** légèrement. **2.** tranquillement. **3.** crûment. **4.** fortement. **5.** gentiment. **6.** précisément. **7.** bruyamment. **8.** patiemment. **9.** obscurément. **10.** effroyablement.
EXERCICE 2 : **1.** *firmament* est un nom, pas un adverbe. **2.** *appartement* est un nom, pas un adverbe. **3.** *prudemment* est le seul adverbe bâti sur un adjectif en *-ent*. **4.** *gentiment* est irrégulier. **5.** *remerciement* est un nom.
EXERCICE 3 : dans l'ordre : *seulement, abominablement, gentiment, patiemment, violemment, entièrement*.
EXERCICE 4 : **1.** bref. **2.** grave (grief). **3.** ardent. **4.** grave. **5.** puissant. **6.** obligeant. **7.** impuni. **8.** obstiné. **9.** quotidien. **10.** partiel. **11.** différent. **12.** méchant.

Séquence 8, p. 20-21

EXERCICE 1 : **1. a.** port ; **b.** port ; **c.** pore. **2. a.** verre, vert ; **b.** vers ; **c.** vair. **3. a.** aire ; **b.** hère ; **c.** ère.
EXERCICE 2 : **1.** pattes. **2.** ris. **3.** amande. **4.** balade.
EXERCICE 3 : **1. a.** prodige ; **b.** prodigue. **2.** imprudence. **3. a.** opportun ; **b.** importun.
EXERCICE 4 : **1.** bette. **2.** statut. **3.** pouls.

Séquence 9, p. 22-23

EXERCICE 1 : **noms masculins** : intervalle, interstice, autographe, harmonica, accordéon, orgue, pétale, aparté, épiderme ; **noms féminins** : apostrophe, anecdote, autoroute, ellipse, ouate, icône, atmosphère, amygdale, amphore.
EXERCICE 2 : **1.** nombreuses épithètes. **2.** orchidées [...] très épanouies. **3.** ce grand planisphère. **4.** brillants éloges. **5.** un astérisque. **6.** amygdales [...] enflammées.
EXERCICE 3 : *cette* tribu ; *ce* tribut ; *ce* statut ; *cette* statue ; *ce* globule ; *cette* mandibule ; *cette* stalactite ; *cette* mite ; *ce* mythe.
EXERCICE 4 : *cet* itinéraire ; *cette* asphyxie ; *cette* acné ; *cet* appendice ; *cet* exode.
EXERCICE 5 : des ondes *déchaînées* ; *tout* l'argent ; de *douces* amours.

Séquence 10, p. 24-25

EXERCICE 1 : vingt-sept ; quatre-vingt-cinq ; cinquante-trois ; quatre-vingts.
EXERCICE 2 : **1.** il est tiré à *quatre épingles*. **2.** elle a vu *trente-six chandelles*. **3.** je vous *le donne en mille*. **4.** elle ne gagne pas *des mille et des cents*. **5.** je suis vraiment *aux quatre cents coups*.
EXERCICE 3 : **1.** mille trois cents. **2.** huit cent quatre-vingt-deux. **3.** dix mille quatre cent quatre-vingts. **4.** page deux cent. **5.** deux cents millions. **6.** en l'an deux mil(le) vingt-deux.
EXERCICE 4 : **1.** *vingt* : seul adj. numéral variable dans certains cas. **2.** *mille cent vingt* : seul nombre dans lequel tous les adjectifs numéraux restent invariables. **3.** *mille* : seul adjectif numéral. **4.** *trois cent douze* : seul nombre dans lequel cent reste invariable.

Séquence 11, p. 26-27

EXERCICE 1 : noir brillant ; rouges ; noir ; blondes ; rousses ; mauves.
EXERCICE 2 : **1.** blanche. **2.** rouges. **3.** jaunes. **4.** blondes. **5.** noirs. **6.** verts.
EXERCICE 3 : **1.** kaki : nom invariable. **2.** gris perle : adj. composé invariable. **3.** marron : nom invariable ; bruns : adj. variable. **4.** orange : nom invariable ; beiges : adj. variable. **5.** pourpres : nom, mais exception variable. **6.** rouge sang : adj. composé invariable.
EXERCICE 4 : **1.** orange : seul nom invariable. **2.** vert : seul adj. variable. **3.** mandarine : seul nom. **4.** marron : seul nom invariable. **5.** blanc : seul adj. n'étant pas un nom au départ.

Séquence 12, p. 28-29

EXERCICE 1 : **1.** surveillé ; oubliée. **2.** enfermés. **3.** conviés. **4.** considérée. **5.** tuée.
EXERCICE 2 : **1.** tombé. **2.** tombés. **3.** entrée. **4.** parties. **5.** arrivés. **6.** liés. **7.** arrosées.
EXERCICE 3 : **1.** photographié. **2.** photographiés. **3.** photographiée. **4.** photographiées.
EXERCICE 4 : **1.** *avait pris* : seul participe passé conjugué avec *avoir*. **2.** *ont été pris* : seul participe passé conjugué avec *être*. **3.** *ayant vu* : seul participe passé conjugué avec *avoir*.

Séquence 13, p. 30-31

EXERCICE 1 : retrouvé (COD : *la maison*) ; frappé ; entendu (COD : *un cri*) ; claqué (COD : *la porte*) ; verrouillée (COD : *l'*) ; laissé (COD : *tomber mon fardeau*) ; apportés (COD : *que mis pour des navets et des pommes*) ; roulé ; plongé (COD : *le doigt*) ; goûtée (COD : *que mis pour farine*).
EXERCICE 2 : **1.** connu : le COD est *en* → participe passé invariable. **2.** parlé : *leur* est un COI → participe passé invariable. **3.** gardés : le COD est *qu'* mis pour *souvenirs* → participe passé au masculin pluriel comme le COD.
EXERCICE 3 : L'enfant a regardé la maison vide ; il l'a regardée avec attention. Il n'a rien dit. Cette maison qu'il n'a plus *habitée* depuis longtemps lui a semblé immense. Il l'a observée une dernière fois puis a tourné les talons. Il n'a pas voulu revenir en arrière. Le passé, il a voulu l'oublier.
EXERCICE 4 : **1.** la boîte. **2.** des douleurs. **3.** le manteau.

Séquence 14, p. 32-33

EXERCICE 1 : interrompus ; transportés.
EXERCICE 2 : Je *vous* ai souvent proposé d'aller au théâtre avec moi ; mais chaque fois, je *vous* ai entendues répondre que *vous n'aviez* pas le temps ou pas l'envie. Je *vous* ai ensuite observées et j'ai constaté que *vous n'étiez* occupées à rien de particulier. Simplement *vous étiez* assises dans *votre* coin à ne rien faire.
EXERCICE 3 : **1.** féminin singulier (*partie*). **2.** féminin pluriel (*venues*). **3.** masculin singulier (*rentré*). **4.** féminin singulier (*rentrée*). **5.** féminin pluriel (*reparties*). **6.** masculin ou féminin singulier (le masculin l'emporte en français ; le sujet *nous* est composé de « Éric et moi » : *moi*, le narrateur, peut être aussi bien masculin que féminin ; le participe *sortis* reste au masculin pluriel).
EXERCICE 4 : Je sens mon cœur et je connais *les femmes*. Je ne suis *faite* comme *aucune* de *celles* que j'ai *vues* ; j'ose croire n'être *faite* comme *aucune* de *celles* qui existent. Si la nature a bien ou mal fait de briser le moule dans lequel elle m'a *jetée*, c'est ce dont on ne peut juger qu'après m'avoir *lue*.

Séquence 15, p. 34-35

EXERCICE 1 : **1.** qui *vas* [...], *tu* enrages... **2.** qui *allons* [...], *nous* enrageons... **3.** qui *allez* [...], *vous* enragez... **4.** qui *vont* [...], *ils* enragent... **5.** qui *allons* [...], *nous* enrageons... **6.** qui *allez* [...], *vous* enragez...
EXERCICE 2 : **1.** habitent. **2.** ai. **3.** voit. **4.** vends. **5.** serpentent. **6.** faites.
EXERCICE 3 : **1.** portait (sujet : *qui*, mis pour *un géant des batailles*). **2.** donnait (sujet : *qui*, mis pour *un vieux mari*). **3.** délie (sujet : *qui*, mis pour *ce froid*). **4.** avaient (sujet : *son frère et lui*) ; étaient pas tenus (sujet : *qui*, mis pour *des Velrans*). **5.** avait (sujet : *qui*, mis pour *son père*). **6.** semblait échappée (sujet : *qui*, mis pour *une tête*).

Séquence 16, p. 36-37

EXERCICE 1 : *ces* foules ; *c'est* la traversée ; sur *ses* terres ; *ses* cultures, *son* domaine *sont* le centre ; *ces* noms ; *son* établissement.
EXERCICE 2 : **1.** *c'est* normal, *c'est* l'été → normal est un adjectif, été est un nom. **2.** *son* cahier et *son* livre *sont* ouverts → cahier et livre appartiennent à Matthieu ; on peut dire

« étaient ouverts ». **3.** *ses* jeux → les jeux appartiennent au <u>cousin</u>. **4.** *c'est* elle qui *sait* ce qui *s'est* passé → après *c'est*, on a le pronom *elle* ; *sait* peut être remplacé par *savait* ; *s'est passé* est un verbe pronominal.

EXERCICE 3 : Suter était accablé. Sa vie, **ses** privations, son énergie, tout avait été inutile. Tout ce qu'il avait de plus cher **s'était** envolé, cendres et fumées. Il ne possédait plus rien. Il pleurait longuement sur lui-même. Qui étaient **ces** enfants qui lui jetaient des pierres ? Il faisait le gros dos, encaissait tout. Il bredouillait une prière. Il tombait en enfance ; **c'était** un pauvre vieux.

Séquence 17, p. 38-39

EXERCICE 1 : on ; on ; on ; on n' ; on ; on ; on n'.

EXERCICE 2 : **1.** **on** n'arrivera **que** demain : ne … que. **2.** qu'**on** aille : forme affirmative. **3.** **on** n'attend plus **que** : ne … que. **4.** **on** n'entend **rien** : forme négative. **5.** **on** entend : forme affirmative.

EXERCICE 3 : **1.** on → À l'œuvre *on* connaît l'ouvrier. **2.** on ; on → Comme *on* fait son lit, *on* se couche. **3.** on → Faute de grives, *on* mange des merles. **4.** on n' → *On ne* fait pas d'ome-lette sans casser d'œufs. **5.** on n' → *On ne* prête qu'aux riches.

EXERCICE 4 : Sur la route, **on** n'a pas pu rouler vite car **on** a bien vu que les automobilistes **n'ont** pas envie d'avoir de contravention depuis que des radars **ont** été installés !

Séquence 18, p. 40-41

EXERCICE 1 : surprend ; contrarie ; soulève ; roule ; voit ; s'en va.

EXERCICE 2 : **1er groupe** : il associe ; il trie ; il défie ; il crie ; il relie ; il recule ; il achète. **2e groupe** : il ternit ; il finit ; il s'accroupit, il fleurit. **3e groupe** : il sourit ; il offre ; il part ; il vainc ; il peut ; il écrit ; il relit ; il peint ; il vaut.

EXERCICE 3 : **1.** *peut* est le seul verbe à avoir un *-x* aux 1re et 2e pers. du sing. **2.** *écris* est le seul verbe du 3e groupe. **3.** *cueille* est le seul verbe du 3e groupe.

EXERCICE 4 : **1.** Il plie. **2.** Tu souris. **3.** Vous dites. **4.** Je veux.

Séquence 19, p. 42-43

EXERCICE 1 : **1.** verrai. **2.** vérifiera. **3.** lirons. **4.** prendrai. **5.** verrez. **6.** courras.

EXERCICE 2 : j'aurai, il aura, ils auront ; je serai, il sera, ils seront ; j'enverrai, il enverra, ils enverront ; je délierai, il déliera, ils délieront ; je délirerai, il délirera, ils déli-reront ; je relirai, il relira, ils reliront.

EXERCICE 3 : Nous désirerons sortir. Nous ne pourrons pas. Nous resterons, éperdus, tremblants, dans les fauteuils. Nous désirerons seulement nous lever, nous soulever, afin de nous croire maîtres de nous. Nous ne pourrons pas ! Nous serons rivés à nos sièges.

EXERCICE 4 : je pourrai, je voudrai, je verrai, j'entreverrai, j'enverrai, je reverrai. Intrus : voudrai, seul verbe qui n'a qu'un seul *-r-*.

Séquence 20, p. 44-45

EXERCICE 1 : je quittai, il quitta, vous quittâtes ; je jetai, il jeta, vous jetâtes ; je plongeai, il plongea, vous plongeâtes ; je pris, il prit, vous prîtes ; je perdis, il perdit, vous perdîtes ; je vins, il vint, vous vîntes ; je courus, il courut, vous courûtes ; je voulus, il voulut, vous voulûtes.

EXERCICE 2 : contempla ; éprouva ; sentit ; vit ; se mirent ; recula ; se lécha ; marchèrent.

EXERCICE 3 : **1.** *crût* : seul verbe ayant un accent circonflexe à la 3e pers. du sing. du passé simple (croître). **2.** *chanta* : seul verbe du 1er groupe (sans *-t*).

EXERCICE 4 : **1.** perdu (part. pas.), reconnut (passé simple). **2.** pris (part. pas.), prit (passé simple).

Séquence 21, p. 46-47

EXERCICE 1 : installai ; avais ; faisais ; pensais ; considérais ; décidai ; préparais ; tournai ; levai ; élançai.

EXERCICE 2 : **1.** essayais. **2.** fabriquai. **3.** heurtai. **4.** obser-vais. **5.** passais. **6.** allai. **7.** blessais.

EXERCICE 3 : vis ; redressai ; regardais ; semblait ; firent ; datait ; trouvais ; questionnai.

Séquence 22, p. 48-49

EXERCICE 1 : tiens ; passe ; va ; fais ; n'aie ; prends.

EXERCICE 2 : **1.** *ouvre* : seul verbe du 3e groupe. **2.** *sois* : seul verbe qui n'a pas la même forme qu'à l'indicatif présent. **3.** *prends-en* : seul verbe qui n'a pas un *-s* euphonique.

EXERCICE 3 : **1.** arrête. **2.** songes-y. **3.** place-toi. **4.** regardes-tu ; regarde-toi. **5.** quitte. **6.** cueille ; cueilles-en. **7.** évites-tu.

EXERCICE 4 : aie, ayons, ayez ; sois, soyons, soyez ; va, allons, allez ; dis, disons, dites ; fais, faisons, faites ; prends, prenons, prenez ; regarde, regardons, regardez.

Séquence 23, p. 50-51

EXERCICE 1 : **1.** croie. **2.** rie. **3.** parcoure. **4.** coure. **5.** voies. **6.** sourie.

EXERCICE 2 : je suis, il est, que je sois, qu'il soit ; j'ai, il a, que j'aie, qu'il ait ; je roule, il roule, que je roule, qu'il roule ; je ris, il rit, que je rie, qu'il rie ; je peins, il peint, que je peigne, qu'il peigne ; je finis, il finit, que je finisse, qu'il finisse.

EXERCICE 3 : **1.** *coure* : seul verbe dont la prononciation est semblable à l'indicatif et au subjonctif. **2.** *parte* : seul verbe qui n'est pas homophone de son indicatif présent. **3.** *voie* : seul verbe homophone de son indicatif présent avec une orthographe différente.

EXERCICE 4 : parcoure ; coure ; court ; parcourt ; croie ; voit.

Séquence 24, p. 52-53

EXERCICE 1 : **1.** aurait ; pourrais ; serait. **2.** viendrait ; passe-rait ; pourrait ; retournerait.

EXERCICE 2 : **1.** je viendrais (tu viendrais). **2.** je viendrai (tu viendras). **3.** je viendrais (tu viendrais). **4.** j'aimerais (tu aime-rais). **5.** je devrai (tu devras). **6.** je verrais (tu verrais).

EXERCICE 3 : je confierai, ils confieront, je confierais, ils confieraient ; je sortirai, ils sortiront, je sortirais, ils sorti-raient ; je nourrirai, ils nourriront, je nourrirais, ils nourri-raient ; je courrai, ils courront, je courrais, ils courraient ; j'en-verrai, ils enverront, j'enverrais, ils enverraient.

EXERCICE 4 : **1.** *fuirait* : seul verbe qui ne double pas le *-r-*. **2.** *accepterons* : seul verbe au futur.

Dictées

Dictée 1. Radical et famille de mots
(132 mots)

INTERMINABLE CHEVAUCHÉE

DORUNTINE me confia que le comportement de son frère lui avait paru plutôt étrange, car il ne descendit pas de cheval, refusa même d'entrer dans la maison. Elle se laissa emporter en croupe par son frère.

Le voyage fut très long. Elle dit qu'elle avait seulement gardé le souvenir d'une nuit interminable et de myriades d'étoiles qui couraient à travers le ciel mais que cette vision lui avait été peut-être suggérée par leur chevauchée sans fin, entrecoupée de moments plus ou moins longs de somnolence. Il est intéressant de souligner qu'elle ne se rappelle pas avoir voyagé de jour. [...] Ou bien elle somnolait ou dormait longuement durant le jour [...] ou bien son cavalier et elle se reposaient à l'aube et dormaient tous deux en attendant la nuit pour poursuivre leur voyage.

> Ismaïl Kadaré, *Qui a ramené Doruntine*,
> **traduction de Jusuf Vrioni**
> © Éd. Fayard, 1986.

* Indiquer l'orthographe des mots soulignés et le sens de myriades : *« une quantité infinie ».*

Dictée 2. Les préfixes (141 mots)

UN MÉTIER INTERDIT

(Les parents de Louison, la narratrice, sont des acteurs de Molière. Louison est mise dans un pensionnat religieux pour apprendre à lire et à écrire. Sa nourrice, Frosine, lui a dit qu'elle ne devait pas révéler la profession de ses parents aux religieuses qui vont s'occuper d'elle.)

LIRE, c'est beaucoup plus facile que je ne pensais. Je suis bientôt la première de la classe.

Quant à l'écriture, c'est la danse d'une ligne sur l'ardoise avec une craie. Mais c'est plus difficile. Les lettres sont irrégulières. [...] J'apprends même quelques phrases en latin pendant la messe.

Un jour la catastrophe arrive. [...] Sœur Marie-Séraphine s'approche de l'arbre contre lequel je suis appuyée. Elle me demande ce que je veux faire plus tard. Je lui réponds sans réfléchir :

« Je sais ce que je veux devenir ! Une actrice, bien sûr, comme mes parents. [...] »

Sœur Marie-Séraphine s'effraie :

« Une actrice, mon enfant ! Est-ce que tu comprends ce que cela veut dire "être actrice" ? »

[...] On fait venir Frosine. Au moins, j'ai eu le temps de recevoir un double enseignement : lire et écrire.

> M.-C. Helgerson, *Louison et monsieur Molière*,
> **Castor Poche © Éd. Flammarion, 2001.**

* Indiquer l'orthographe des mots soulignés.

Dictée 3. Les suffixes (133 mots)

OBSTACLE IMPRÉVU

À QUELQUE DISTANCE, Pierre aperçoit un tableau charmant. Une jeune fille blonde en robe rose assise dans l'herbe. Elle ne le voit pas. Pierre éprouve le besoin de lui parler. Il avance encore. Tout à coup il est arrêté. Une clôture se dresse devant son nez. Un grillage rébarbatif, carcéral, presque concentrationnaire avec son sommet arrondi en encorbellement hérissé de fils d'acier barbelés. Une aire de repos n'est pas un lieu d'évasion. La rumeur lointaine de la circulation se rappelle à lui. Il reste pourtant comme médusé, les doigts accrochés dans le grillage, les yeux fixés sur la tache blonde là-bas, au pied du vieux mûrier. Enfin un signal bien connu lui parvient, l'avertisseur du véhicule. Il faut revenir. Pierre s'arrache à sa contemplation et revient à la réalité, au semi-remorque, à l'autoroute.

> Michel Tournier, « L'aire du Muguet »,
> in *Le Coq de bruyère* © Éd. Gallimard, 1978.

* Indiquer l'orthographe du mot souligné et son sens : « construction en surplomb sur un mur ».

Dictée 4. Les finales muettes
(132 mots)

L'AUBERGE

C'ÉTAIT une auberge. J'entrai. Personne ne s'y trouvait. Seule l'odeur du temps pourrissait là, tenace.

J'appelai et tapai du poing sur une table bancale qui faillit s'effondrer sous mes coups. L'aubergiste devait être au cellier [...]. Mais, malgré mon tapage, on ne se montra pas. J'étais seul, tressaillant d'attente, devant un âtre vide et inutilisé depuis bien longtemps, à en juger par les toiles d'araignées qui bouchaient la cheminée. Quant à la longue chandelle, allumée depuis peu, et soudée à une étagère, sa présence, au lieu de me rassurer, me remplit plus d'inquiétude que si je n'avais trouvé en cet endroit que la nuit et l'abandon.

Tout à coup un insidieux frisson me traversa : j'étais visible et vulnérable et « on » pouvait m'atteindre de face, en tirant de loin, à plomb.

> Claude Seignolle, *La Morsure de Satan*
> © Éd. Phébus, Paris, 1994.

Dictée 5. Les doubles consonnes
(136 mots)

VEILLE DE RENTRÉE

À LA VEILLE du grand jour, il y eut un dîner, le soir chez tante Rose.

Elle me fit présent d'un plumier en carton verni. En appuyant sur un bouton, le couvercle s'ouvrait tout seul : je découvris trois porte-plume neufs, des plumes, plusieurs crayons de couleur et surtout une gomme à effacer si tendre et si onctueuse que je mourais d'envie de la manger tout de suite. L'oncle m'offrit à son tour une boîte de compas. Ces cadeaux me comblaient de joie.

Enfin, pendant le repas, mon père me fit longuement ses dernières recommandations.

Quand nous rentrâmes à la maison, toutes les pièces de mon équipement furent installées dans ma chambre : les vêtements sur une chaise, les chaussettes neuves dans les souliers neufs, et sur la commode mon cartable et ma blouse soigneusement pliée.

Marcel Pagnol, *Le Temps des secrets* © Bernard de Fallois,
site marcel-pagnol.com, accord du 9/03/2006.

Dictée 6. La lettre *h* (133 mots)
ÉTRANGE DÉMARCHE
(Un médecin a endormi en l'hypnotisant la cousine du narrateur, Madame Sablé.)

LE DOCTEUR ordonna : « Vous vous lèverez demain à huit heures ; puis vous irez trouver à son hôtel votre cousin, et vous le supplierez de vous prêter cinq mille francs que votre mari vous […] réclamera à son prochain voyage. » […]

En rentrant à mon hôtel, je songeais à cette curieuse séance. […] Or, ce matin, vers huit heures et demie, je fus réveillé par mon valet de chambre qui me dit : « C'est Madame Sablé qui demande à parler à Monsieur. »

Je m'habillai à la hâte et je la reçus.

Elle s'assit fort troublée, les yeux baissés, et elle me dit : « Mon cher cousin, cela me gêne beaucoup de vous le dire, et pourtant, il le faut, j'ai absolument besoin de cinq mille francs. »

J'étais stupéfait…

Guy de Maupassant, *Le Horla*, 1887
© Le Livre de Poche, Libretti, 1994.

* Indiquer l'orthographe du mot souligné.

Dictée 7. Les adverbes en *-ment* (126 mots)
QUEL SANG-FROID !

MONSIEUR Otis perçut distinctement un bruit de pas. Il chaussa ses pantoufles, sortit tranquillement une petite fiole de sa valise et ouvrit la porte. Juste devant lui, dans un pâle rayon de lune, se tenait un vieil homme d'aspect terrible. Ses yeux étaient aussi rouges que des charbons ardents. Ses longs cheveux lui tombaient sur les épaules en mèches entremêlées. Ses vêtements de coupe antique étaient souillés et pitoyablement déchirés ; à ses poignets et à ses chevilles pendaient de pesants fers mangés de rouille.

– Cher monsieur, dit Monsieur Otis, je vous prie instamment d'huiler vos chaînes ; je vous ai apporté, précisément dans ce but, une petite bouteille de lubrifiant indien. »

Sur ces mots, Monsieur Otis referma la porte et regagna son lit.

D'après Oscar Wilde, *Le Fantôme de Canterville*,
traduction de Henri Robillot,
Folio junior © Éd. Gallimard, 1994.

* Indiquer l'orthographe du mot souligné.

Dictée 8. Homonymes et paronymes (127 mots)
UNE DÉLICIEUSE GROTTE

BIEN QUE tout à fait sombre, c'était la plus délicieuse grotte qu'on puisse se figurer. L'aire en était unie et couverte d'une sorte de gravier fin et mouvant. On n'y voyait point d'animaux immondes, et il n'y avait ni eau ni humidité sur les parois de la voûte. La seule difficulté, c'était l'entrée ; difficulté que toutefois je considérais comme un avantage, puisqu'elle en faisait une place forte, un abri sûr dont j'avais besoin. Je fus vraiment ravi de ma découverte, et je résolus de transporter sans délai dans ce repaire tout ce dont la conservation m'importait le plus, surtout ma poudre et toutes mes armes de réserve […] : j'en avais huit.

[…] J'y portai aussi tout le plomb que j'avais réservé pour me faire des balles.

Daniel Defoe, *Robinson Crusoé*, 1719,
traduction de Pétrus Borel
© Éd. GF Flammarion, 1989.

Dictée 9. Le genre des noms (119 mots)
UN HOMME PUISSANT

ET IL RESTA dans un état de malaise, coupé d'accès de colère.

Plusieurs personnes furent introduites. […] Un diplomate l'entretint d'un emprunt qu'une puissance voisine voulait ouvrir à Paris. Des créatures défilèrent, lui rendirent des comptes sur vingt affaires considérables. Enfin, il reçut un grand nombre de ses collègues de la Chambre ; tous se répandaient en éloges outrés sur son discours de la veille. Lui, renversé au fond de son fauteuil, acceptait cet encens, sans un sourire. Le bruit de l'or continuait dans les bureaux voisins. Il n'avait qu'à prendre une plume pour expédier des dépêches dont l'arrivée aurait réjoui ou consterné les marchés de l'Europe ; […] même, il tenait le budget de la France dans sa main.

Émile Zola, « Nantas », 1878,
in *L'Attaque du moulin et autres nouvelles*
© Classiques Hatier, 2004.

Dictée 10. L'adjectif numéral cardinal (130 mots)
À LA MERCERIE

VIRGINIE était derrière son comptoir de vente et se tapotait les lèvres avec un crayon-gomme. Elle passait commande à un représentant tout petit, chauve, qui avait posé son melon à l'envers sur la table de coupe. […]

– De la talonnette noire, disait Virginie, et aussi de la grise. Les rouleaux sont de combien ?… Alors deux longueurs de chaque. Et du coton à repriser : cinq boîtes assorties et deux de noir… Attendez donc, des sachets d'aiguilles. Oh !… six douzaines. C'est ça : une demi-grosse.

Et le monsieur suçait son crayon-encre qui teignait ses lèvres de violet. Olivier affirmait sa présence :
– M'man, tu avais dit : des épaulettes.
– Ah ! oui : des épaulettes de quarante-quatre et quarante-six. Vous en mettrez douze paires. Merci, Olivier…

Robert Sabatier, *Les Allumettes suédoises*, 1969
© Le Livre de Poche Jeunesse, 2004.

Dictée 11. L'adjectif de couleur (118 mots)

DÉCOR DE THÉÂTRE

Vous LE VOYEZ, le théâtre de notre petite troupe était assez bien machiné pour l'époque. Il est vrai que la peinture de la décoration eût semblé à des connaisseurs un peu enfantine et sauvage. Les tuiles des toits tiraient l'œil par la vivacité de leurs tons rouges, le feuillage des arbres plantés devant les maisons était du plus beau vert-de-gris, et les parties bleues du ciel étalaient un azur invraisemblable ; mais l'ensemble faisait suffisamment naître l'idée d'une place publique chez des spectateurs de bonne volonté.
Un rang de vingt-quatre chandelles ivoire soigneusement mouchées jetait une forte clarté sur cette honnête décoration peu habituée à pareille fête. Cet aspect magnifique fit courir une rumeur de satisfaction parmi l'auditoire.

D'après Théophile Gautier,
Le Capitaine Fracasse, 1863.

Dictée 12. L'accord du participe passé conjugué avec *être* (134 mots)

INQUIÉTANTE DEMEURE

(*Le narrateur veut visiter une maison d'où une inconnue lui a lancé, la nuit précédente, une rose. Une vieille femme lui montre les lieux.*)

LE CADENAS et la clef ne s'étaient pas vus depuis longtemps. Pourtant, au moyen de trois jurons et d'autant de grincements de dents, je parvins à faire tourner la clef. Nous entrâmes dans un passage obscur qui donnait accès à plusieurs salles basses.
Les plafonds étaient couverts de toiles d'araignées [...]. À l'odeur de moisi qui s'exhalait de toutes les pièces, il était évident que depuis longtemps, elles n'étaient pas habitées. On n'y voyait pas un seul meuble. Il est probable qu'autrefois, cette maison avait été décorée avec quelque élégance. Les fenêtres, à petits carreaux, la plupart brisés, donnaient sur le jardin, où j'aperçus un rosier en fleur. [...]
Dans la dernière pièce où j'entrai, il y avait un large fauteuil de cuir noir, qui, chose étrange, n'était pas couvert de poussière. Je m'y assis.

Prosper Mérimée, « Il viccolo di Madama Lucrezia »,
1846, in *Carmen*, Folio classique
© Éd. Gallimard, 1965.

Dictée 13. L'accord du participe passé conjugué avec *avoir* (136 mots)

ÉTRANGE RESTAURATION

(*Un jeune Français du XIXᵉ siècle se promène de nuit dans les ruines de Pompéi, ville romaine détruite par l'éruption du Vésuve en 79 après J.-C.*)

EN PASSANT devant une maison qu'il avait remarquée pendant le jour [...], il vit, dans un état d'intégrité parfaite, un portique dont il avait cherché à rétablir l'ordonnance. Les murs extérieurs n'avaient pas une crevasse.
Cette restauration étrange, faite de l'après-midi au soir, tourmentait beaucoup Octavien, sûr d'avoir vu cette maison le jour même dans un fâcheux état de ruine. Le mystérieux reconstructeur avait travaillé bien vite, car les habitations voisines avaient le même aspect récent et neuf. [...]
Octavien se trouva face à face avec un beau jeune homme, de son âge à peu près, [...] qui lui dit d'une voix douce :
« Quel étrange costume portes-tu ? Les Gaulois que j'ai vus à Rome n'étaient pas habillés ainsi. »
Octavien entreprit de faire comprendre au jeune homme qu'en vingt siècles la mode avait pu changer.

Théophile Gautier, *Arria Marcella*, 1852,
Les Classiques d'aujourd'hui
© Le Livre de Poche, 1994.

* *Indiquer l'orthographe du mot souligné.*

Dictée 14. La situation d'énonciation et les accords (131 mots)

GRAVE QUESTION

(*Martin écrit à Max.*)

« LA SEULE QUESTION que je me pose désormais – vois-tu, c'est à toi seul que je peux me confier – est celle-ci : le but que nous poursuivons est-il meilleur que celui d'avant ? Parce que, tu sais, Max, depuis que je suis dans ce pays, je les ai vus, ces gens de ma race, et j'ai appris les souffrances qu'ils ont endurées toutes ces années – le pain de plus en plus rare, les corps de plus en plus maigres et les esprits malades. [...] Ils allaient mourir, mais un homme leur a tendu la main et les a sortis du trou. Tout ce qu'ils savent maintenant, c'est qu'ils survivront. [...] Et cet homme, ils le vénèrent. À toi seul, Max, je peux avouer que j'ignore qui il est vraiment. Oui, je l'ignore. »

Kressmann Taylor, *Inconnu à cette adresse*, 1939,
Le Livre de Poche Jeunesse
© Éd. Autrement, 2002.

Dictée 15. Les accords sujet/verbe difficiles (139 mots)

NOSTALGIE

LAISSE-MOI, toi qui viens doucement poser tes mains sur mon front. Je déteste tout, et par-dessus tout la mer ! Va la regarder, toi qui l'aimes ! Elle bat la terrasse, elle ferme-te ; elle miroite, couleur de poisson mort. Sous la vague plombée, je devine le peuple abominable des bêtes sans pieds, plates, glissantes, glacées... Tu ne sens donc pas que le flot et le vent portent, jusque dans cette chambre, l'odeur d'un coquillage gâté ?... Oh ! reviens toi qui peux presque tout pour moi ! [...]

J'appartiens à un pays que j'ai quitté. Tu ne peux empêcher qu'à cette heure s'y épanouisse au soleil toute une chevelure embaumée de forêts. [...] Viens, toi qui l'ignores, viens que je te dise tout bas : le parfum des bois de mon pays égale la fraise et la rose.

Colette, Les Vrilles de la vigne, 1908 © Éd. Fayard.

Dictée 16. Les homophones grammaticaux du verbe *être* (130 mots)

ÉTONNANTE VOITURE

(Le narrateur aime les belles automobiles. Par amour pour lui, sa femme s'est transformée... en voiture. Quelques années après, cette voiture, seule, sans conducteur, se jette contre un mur et brûle entièrement.)

« DANS LE MONDE il arrive que l'amour fasse de ces miracles... Une nuit, il faut que je te le dise... Ma femme s'est mise à pleurer, puis elle s'est mise à gonfler... et elle a juste eu le temps de sortir dans la rue. Autrement elle n'aurait jamais pu passer la porte après... Et puis, elle était là qui m'attendait au bord du trottoir, flambant neuf... Ensuite elle a vieilli, ses pannes se répétaient... Alors j'ai commencé à penser : c'est le moment de la changer. Et tu sais où j'allais hier ? Je l'emmenais chez un revendeur de voitures et je voulais en acheter une nouvelle ; c'est abominable, j'allais vendre ma femme alors qu'elle avait sacrifié sa vie pour moi... Maintenant tu sais pourquoi elle s'est tuée. »

D'après Dino Buzzati, « Suicide au parc »,
in Le K, Le Livre de Poche
© Éd. Laffont, 1967.

Dictée 17. Les homophones grammaticaux *on* et *on n'* (123 mots)

LA MULE DU PAPE

CE VIN PARFUMÉ qu'elle aimait tant, on avait la cruauté de le lui faire respirer ; puis quand elle en avait les narines pleines, la belle liqueur rose s'en allait dans le gosier de ces garnements. Pas un de ces galopins ne songeait que d'une ruade la brave bête aurait pu les envoyer tous dans l'étoile polaire... Mais non ! On n'est pas pour rien la mule du Pape. Les enfants avaient beau faire, elle ne se fâchait pas. Ce n'était qu'à ce vaurien de <u>Tistet Védène</u> qu'elle en voulait. [...] La mule prit son élan et lui détacha un coup de sabot si terrible que de <u>Pampérigouste</u> même on en vit la fumée ; tout ce qui restait de l'infortuné Tistet Védène.

D'après Alphonse Daudet,
Lettres de mon moulin, 1866,
Folio © Éd. Gallimard, 1988.

* *Indiquer l'orthographe des mots soulignés.*

Dictée 18. Les terminaisons de l'indicatif présent (139 mots)

À LA RECHERCHE DE <u>GUNTHER</u>

« BON SANG, tu as raison, dit <u>Klaus</u>. Rien qu'en descendant l'escalier sans faire de bruit, sans se presser, on doit pouvoir entendre à peu près ce qui se passe derrière chaque porte, et deviner si, oui ou non, Gunther est à l'intérieur ! [...] Descendre cet escalier, je vous rappelle, ça fait une trotte. Je propose de commencer par enfiler nos meilleures chaussures. »

[...] Et les trois enfants se mirent en route. [...] Au palier suivant, ils n'eurent pas besoin de prêter l'oreille, car une voix masculine lança :

« Je prends ma douche, Mère ! »

<u>Prunille</u> hocha la tête. [...]

« Une douche ? Ça n'est pas Gunther ! Parions qu'il n'en prend jamais ! »

De palier en palier la fatigue commençait à se faire sentir.

« Je n'en peux plus », dit <u>Violette</u>.

Lemony Snicket, « Ascenseur pour la peur »,
dans Les désastreuses aventures
des orphelins Baudelaire, VI © Éd. Nathan, 2003.

* *Indiquer l'orthographe des mots soulignés.*

Dictée 19. L'indicatif futur (130 mots)

DÉMISSION AU JAPON

(La narratrice doit présenter sa démission à ses supérieurs.)

MONSIEUR <u>Haneda</u> me reçut avec une extrême gentillesse dans son bureau immense et lumineux.

– Nous approchons du terme de mon contrat et je voulais vous annoncer avec regret que je ne pourrai le reconduire.

– Bien sûr. Je vous comprends.

Il était le premier à commenter ma décision avec humanité.

– La compagnie <u>Yumimoto</u> m'a donné de multiples occasions de faire mes preuves. Je lui en serai éternellement reconnaissante. Hélas, je n'ai pas pu me montrer à la hauteur de l'honneur qui m'était accordé.

Il réagit aussitôt :

– Ce n'est pas vrai, vous le savez bien. [...] Je vous donne raison de partir mais sachez que si un jour vous changiez d'avis, vous seriez ici la bienvenue. Je ne suis certainement pas le seul à qui vous manquerez.

Amélie Nothomb, Stupeur et tremblements
© Éd. Albin Michel, 1999.

* *Indiquer l'orthographe des mots soulignés.*

Dictée 20. L'indicatif passé simple (126 mots)

UN CURIEUX CAHIER

SOUDAIN, je sus ce que je voulais faire.

Je décidai de copier mot à mot mes passages préférés d'<u>Ursule Mirouët</u>. [...] Je cherchai du papier partout dans la chambre, mais ne pus trouver que quelques feuilles de papier à lettres, destinées à écrire à nos parents.

Je choisis alors de copier le texte directement sur la peau de mouton de ma veste. Je passai un long moment à choisir le texte. Je recopiai le chapitre où Ursule voyage en somnambule.

Écrire au stylo sur la peau d'un vieux mouton des montagnes n'était pas facile : elle était mate et rugueuse. Lorsque je finis de barbouiller de texte toute la surface de la peau, j'avais si mal aux doigts qu'on aurait dit qu'ils étaient cassés. Enfin, je m'endormis.

> **Dai Sijie**, *Balzac et la petite tailleuse chinoise*
> © Éd. Gallimard, 2000.

* Indiquer l'orthographe des mots soulignés.

Dictée 21. Indicatif passé simple ou imparfait ? (137 mots)

TERRIBLE ÉCHANGE DE REGARDS

(Le narrateur, condamné à mort, observe de sa cellule la cour de la prison où se trouvent, enchaînés les uns aux autres, les condamnés aux travaux forcés.)

J'OBSERVAIS ce spectacle étrange avec une curiosité si avide, si palpitante, si attentive, que je m'étais oublié moi-même. Un profond sentiment de pitié me remuait jusqu'aux entrailles, et leurs rires me faisaient peur.

Tout à coup, à travers la rêverie profonde où j'étais tombé, je vis la ronde hurlante s'arrêter et se taire. Puis tous les yeux se tournèrent vers la fenêtre que j'occupais.

– Le condamné ! Le condamné ! crièrent-ils tous en me montrant du doigt.

Je restai pétrifié. J'ignorais d'où ils me connaissaient.

Je ne puis dire ce qui se passait en moi. Je frissonnai. [...] Quand j'entendis le tumultueux fracas de leurs chaînes au pied du mur, je poussai un cri, et je tombai évanoui.

Quand je revins à moi, il était nuit. [...] Je restai quelques instants éveillé, mais sans pensée et sans souvenir.

> **Victor Hugo**, *Le dernier Jour d'un condamné*, 1828,
> Folio classique © Éd. Gallimard, 1970.

Dictée 22. L'impératif présent

(134 mots)

SURVIE

LE GRAND POISSON tirait sans faiblir sur la ligne et le vieux avait des crampes dans la main gauche. Il considéra cette main crispée sur la corde épaisse, d'un air dégoûté.

« Je te fais mes compliments, dit-il à la main. Offre-toi des crampes, vas-y ! Non mais regardez-moi ça : est-ce qu'on ne dirait pas une patte de crabe ?

« Allez, mon vieux, ajouta-t-il en regardant l'eau sombre pour voir comment la ligne s'y enfonçait, faut le manger ce thon-là, ça te décrispera la main. Mange et grouille-toi. »

Il piqua un morceau de thon, le porta à la bouche et le mastiqua lentement. Ce n'était pas mauvais.

« Mâche bien, pensait-il ; tires-en tout le jus. C'est certain qu'avec un peu de sel et du citron, ça aurait meilleur goût. »

> **Ernest Hemingway**, *Le vieil Homme et la mer*,
> traduction de Jean Dutourd, 1952
> © Éd. Gallimard, 1963.

Dictée 23. Le subjonctif présent

(130 mots)

UN INVITÉ APPRÉCIÉ

QUAND Monsieur de Norpois fut parti, mon père [...] dit à maman :

« J'avoue que le père Norpois a été un peu " poncif ". [...] J'ai eu peur que vous ne vous mettiez à rire.

– Mais pas du tout, répondit ma mère, j'aime beaucoup qu'un homme de cet âge ait gardé cette sorte de naïveté qui ne prouve qu'un fond de bonne éducation.

– Je crois bien ! Cela ne l'empêche pas d'être fin et intelligent, je le sais moi qui le vois à la Commission tout autre qu'il n'est ici, s'écria mon père.

– Mais oui, comme tu dis là. On voit qu'il a une profonde expérience de la vie.

– C'est extraordinaire qu'il ait dîné chez les Swann et qu'il y ait trouvé des gens réguliers. »

> **Marcel Proust**, *À l'ombre des jeunes filles en fleurs*,
> Folio © Éd. Gallimard, 1954.

* Indiquer l'orthographe des mots soulignés et préciser le sens de poncif : « banal, sans originalité ».

Dictée 24. Le conditionnel présent

(133 mots)

LA FESSÉE

(Le narrateur, un jeune garçon, vient de faire une bêtise mais il s'est fait prendre et va être puni...)

UNE RÉVOLTE sauvage s'éleva en moi et je parvins à lui répondre, plein de haine :

« Je ne dis rien maintenant, mais je pense. Quand je serai grand, je vous tuerai. »

Il poussa un éclat de rire qu'imitèrent les assistants.

Il me coucha sur sa cuisse et m'appliqua une tape, une seule, mais avec une telle force que je pensai que mon arrière-train m'était rentré dans l'estomac. Après ça, il me lâcha.

Titubant, je m'éloignai sous les railleries. Il verrait ! Je jurai de me venger. Je jurai que... mais la douleur diminuait à mesure que je m'éloignais. Le pire, c'est quand ils sauraient à l'école. Pendant une semaine, quand je passerais devant le bar, on rirait de moi avec cette lâcheté habituelle des grandes personnes. Je devrais partir plus tôt...

> **José Mauro de Vasconcelos**, *Mon bel oranger*, 1969
> © Le Livre de Poche Jeunesse, 2003.

EXERCICE ①

Compléter les participes passés des verbes du 1ᵉʳ groupe dans ces phrases :

1. Il avait peur d'être surveill…… par les gens de César. Il fallait attendre que l'affaire commence à être oubli……… .

2. Un grand bruit en provenance du chariot où étaient enferm……… les monstres lui fit tourner la tête.

3. S'ils n'étaient qu'un petit nombre à être convi……… au banquet, les cérémonies populaires avaient réuni une foule considérable.

4. La pluie, le jour des noces, était considér……… comme un gage de prospérité.

5. « C'est dans cette pièce qu'a été tu……… mon amie Opimia. »

D'après J. F. Nahmias, *La Fontaine aux vestales.*

EXERCICE ②

Souligner le participe passé correctement orthographié :

1. Il était (tombés/tombé/tombée) de gros flocons de neige.

2. Les boutons, le fil et les aiguilles étaient (tombées/tombée/tombés) par terre.

3. Une foule de gens était (entrée/entrés/entrées) dans le grand salon de l'hôtel.

4. Étant (partis/parti/parties) depuis longtemps, elles ne reconnurent rien à leur retour.

5. Ces touristes semblent être (arrivés/arrivé/arrivée) de très bonne heure.

6. Les fils de fer étaient tous étroitement (liés/lié/liées).

7. Les plantes, pendant l'absence de Mamie, avaient été trop (arrosée/arrosés/arrosées).

EXERCICE ③

Compléter chaque phrase avec le participe passé qui convient (attention à l'orthographe) :
photographiés – photographiées – photographié – photographiée

1. Le paysage avait été …………………… par mon oncle.

2. Pendant leur mariage, Pierre et Nathalie avaient été mille fois …………………… .

3. La Tour Eiffel est …………………… chaque année par d'innombrables touristes.

4. Cathy et Nadia, pendant leur compétition, ont été …………………… par les journalistes.

EXERCICE ④

Rayer l'intrus dans chaque série et expliquer ce choix :

1. avait pris, était pris, avait été pris, a été pris → …………………………………………

2. ont pris, ont été pris, avons pris, aurons pris → …………………………………………

3. étant vu, être vu, ayant vu, ayant été vu → …………………………………………

13 L'accord du participe passé conjugué avec *avoir*

Enfant gitan en fuite

LA FEMME DU PAYSAN m'a mis dans une baignoire en bois et a entrepris de me frotter jusqu'à m'arracher des cris. Elle m'a apporté des vêtements. A brûlé les vieux. […] Je dormais dans le foin et jouais avec les souris de la grange. L'une d'elles était ma favorite. Je partageais mes navets avec elle. Je l'avais appelée Janina. Je lui ai appris à courir sur mon bras et à se tenir sur ma tête. Puis le chat l'a mangée.

Un jour je me suis réveillé… Je suis sorti de la grange… Une tache blanche a attiré mon attention. C'était le brassard, pris dans un buisson de ronces. Je l'ai fourré dans ma poche.

Jerry Spinelli, *Même pas juif !* Le Livre de Poche Jeunesse © Éd. Hachette, 2005.

 La règle Le participe passé des verbes conjugués avec l'auxiliaire *avoir* reste invariable sauf si le COD est placé à sa gauche.

 La méthode **1. Ne pas accorder le participe passé lorsque le COD est à droite du verbe**

Une tache blanche a attiré mon attention.

– Le verbe *attirer* est conjugué avec l'auxiliaire *avoir* ;
– le sujet de *attirer* est *une tache blanche* ;
– le COD de *attirer*, placé à droite du verbe, est *mon attention*.
→ Le genre du sujet *une tache* (féminin) n'a aucune influence sur l'orthographe du participe passé *attiré* qui reste **invariable**.

2. Accorder le participe passé lorsque le COD est à gauche du verbe

Le chat l'a mangée.

– Le verbe *manger* est conjugué avec l'auxiliaire *avoir* ;
– le sujet de *manger* est *le chat* ;
– le COD de *manger*, placé à gauche du verbe, est *l'* mis pour *la souris* (fém. sing.).
→ Le participe passé *mangée* **s'accorde en genre et en nombre** avec le COD *l'*.

3. Prendre garde aux COI

Elle m'a apporté des vêtements.

– Le COD *des vêtements* est à droite du verbe ;
– *m'* est le COI (*elle a apporté* **à** *moi des vêtements*).
→ Le participe passé *apporté* conjugué avec *avoir* reste **invariable**.

 Rappel Lorsque le COD est le pronom adverbial *en*, le participe passé conjugué avec *avoir* reste **invariable**.

Des pommes ? Elle en a acheté.

CONSEILS

Quand le COD est un pronom, il faut vérifier son genre et son nombre en cherchant le nom qu'il remplace. Pour savoir s'il faut écrire : *je l'ai vu* ou *je l'ai vue*, on doit déterminer si *l'* est masculin ou féminin (voir p. 32).

EXERCICE 1

Dans chaque phrase, souligner le COD quand il y en a un et compléter le participe passé :

J'ai retrouv…… la maison. Ai frapp…… à la porte.

J'ai entend…… un cri de joie. Le battant s'est ouvert en grand.

Oncle Shepsel a claqu…… la porte et l'a verrouill…… . Il y avait une table carrée au milieu de la chambre. J'y ai laiss…… tomber mon fardeau. Des navets et des pommes que j'avais apport…… ont roul…… par terre.

La mère de Janina a plong…… le doigt dans un sac de farine qu'elle a goût…… .

D'après J. Spinelli, *Même pas juif !*

EXERCICE 2

Souligner la forme qui convient et justifier ce choix :

1. De grands acteurs ? Elle dit qu'elle n'en a pas (**connue/connu/connus**) beaucoup.

……………………………………………………………………………………………

2. À ses enfants, elle leur a souvent (**parlé/parlés/parlée**) de ses études.

……………………………………………………………………………………………

3. Les souvenirs qu'elles ont (**gardés/gardées/gardé**) de leurs vacances sont excellents.

……………………………………………………………………………………………

EXERCICE 3

Réécrire le texte en le mettant au passé composé :

Ex. : Il <u>prend</u> les photos et les <u>regarde</u>. → Il <u>a pris</u> les photos et les <u>a regardées</u>.

L'enfant regarde la maison vide ; il la regarde avec attention. Il ne dit rien. Cette maison qu'il n'habite plus depuis longtemps lui semble immense. Il l'observe une dernière fois puis tourne les talons. Il ne veut pas revenir en arrière. Le passé, il veut l'oublier.

……………………………………………………………………………………………
……………………………………………………………………………………………
……………………………………………………………………………………………
……………………………………………………………………………………………

EXERCICE 4

Souligner le COD qui convient pour que l'accord du participe passé soit correct :

1. Elles rapportent (**les livres/les pommes/la boîte/le journal**) qu'elles ont achetée.

2. Ils sentent (**une odeur/des douleurs/des picotements**) qu'ils n'avaient jamais remarquées.

3. Elle demande à voir (**la robe/le manteau/les gants**) qu'elle lui a acheté.

Souvenir d'enfance

LE JARDIN était un carré long, fort petit en réalité, mais qui me semblait immense […]. C'est là aussi que j'ai vu des papillons pour la première fois et de grandes fleurs de tournesol qui me paraissaient avoir cent pieds de haut. Un jour nous* fûmes interrompues dans nos jeux par une grande rumeur au-dehors. On criait Vive l'empereur, on marchait à pas précipités, on s'éloignait et les cris continuaient toujours. L'empereur passait en effet à quelque distance […]. Nous ne pouvions pas voir à travers le haut mur, mais ce fut bien beau dans mon imagination, je m'en souviens, et nous criâmes de toutes nos forces : *Vive l'empereur !* transportées d'un enthousiasme sympathique.

George Sand, *Histoire de ma vie*, 1854, coll. La Pléiade © Éd. Gallimard.

* George Sand joue avec sa cousine Clotilde.

 La règle Certains accords de participes passés ne sont possibles que si l'on connaît tous les indices d'énonciation.

 La méthode **1. Savoir « qui est qui »**

Lorsqu'un texte est **ancré dans la situation d'énonciation** (dans un dialogue par exemple), les verbes sont essentiellement aux 1re et 2e personnes du singulier ou du pluriel.
Il faut savoir « qui est qui », c'est-à-dire qui est le narrateur (*je* est-il masculin ou féminin ? et *nous*… ?), qui est l'interlocuteur (*tu* est-il masculin ou féminin ? et *vous*… ?) : ce sont les **indices d'énonciation**, dont la connaissance est indispensable pour pouvoir faire les accords des participes passés.
On peut écrire : *tu es part**i*** ou *tu es part**ie*** si on ne sait pas si *tu* est masculin ou féminin.

2. Analyser le groupe verbal

L'accord du participe passé dépend de l'auxiliaire qui l'accompagne (voir p. 28-31).
Il faut donc repérer l'**auxiliaire**, puis les **indices d'énonciation** concernant le narrateur et l'interlocuteur, déterminer sujet et COD.

3. Accorder les participes passés

*Nous fûmes interromp**ues** dans nos jeux.*

On ne peut accorder convenablement le participe passé, ici conjugué avec *être* et au féminin pluriel, que si l'on sait que le pronom sujet *nous* représente « deux fillettes ».

 Rappel Le pronom *vous* peut provoquer des erreurs car il peut représenter une seule personne masculin ou féminin singulier (formule de politesse) ou être un pluriel masculin ou féminin. Selon les cas, on écrira :
*je vous ai **vu** ; je vous ai **vue** ; je vous ai **vus** ; je vous ai **vues**.*

CONSEILS

Si le narrateur et l'auteur se confondent, il faut connaître le prénom de l'auteur pour savoir si c'est un homme ou une femme, donc masculin ou féminin.
(Attention : « George » Sand est une femme !)

EXERCICE 1

Réécrire les participes passés surlignés dans le texte p. 32 en considérant que le narrateur est un homme et son compagnon de jeux un garçon :

....

EXERCICE 2

Réécrire le texte suivant en considérant que le narrateur parle non plus à un garçon mais à deux filles (*tu* devient *vous*). Attention aux accords des verbes.

Je t'ai souvent proposé d'aller au théâtre avec moi ; mais chaque fois, je t'ai entendu répondre que tu n'avais pas le temps ou pas l'envie. Je t'ai ensuite observé et j'ai constaté que tu n'étais occupé à rien de particulier. Simplement tu étais assis dans ton coin à ne rien faire.

....

....

....

EXERCICE 3

Déterminer le genre et le nombre du narrateur : masculin ou féminin ? singulier ou pluriel ? Est-il toujours possible de le dire ? Justifier les réponses.

1. Je suis partie à la première heure. → ....

2. Nous sommes venues les voir souvent. → ....

3. Je l'ai regardée s'éloigner et je suis rentré chez moi. → ....

4. Je l'ai regardé s'éloigner et je suis rentrée chez moi. → ....

5. Nous les avons regardés s'éloigner et nous sommes reparties. → ....

6. Éric et moi, nous avons pris nos affaires et sommes sortis. → ....

EXERCICE 4

Réécrire ce texte en transformant le narrateur J. J. Rousseau en une narratrice et en remplaçant « les hommes » par « les femmes » :

Je sens mon cœur et je connais les hommes. Je ne suis fait comme aucun de ceux que j'ai vus ; j'ose croire n'être fait comme aucun de ceux qui existent. Si la nature a bien ou mal fait de briser le moule dans lequel elle m'a jeté, c'est ce dont on ne peut juger qu'après m'avoir lu.

J. J. Rousseau, *Les Confessions*, 1782.

....

....

....

Les Français vus par un étranger

DEPUIS UN MOIS que je suis ici, je n'y ai encore vu marcher personne. Il n'y a point de gens au monde qui tirent mieux parti de leur machine* que les Français : ils courent ; ils volent. Les voitures lentes d'Asie, le pas réglé de nos chameaux, les feraient tomber en syncope**. Pour moi, qui vais souvent à pied sans changer d'allure, j'enrage quelquefois comme un Chrétien : car [...] je ne puis pardonner les coups de coude que je reçois régulièrement. Un homme qui vient après moi, et qui me passe, me fait faire un demi-tour, et un autre, qui me croise de l'autre côté, me remet soudain où le premier m'avait pris.

Montesquieu, *Lettres persanes*, 1721.

* **Machine** : signifie ici « corps humain ».
** **Tomber en syncope** : s'évanouir.

 La règle Analyser certains pronoms est indispensable pour accorder sujet et verbe.

La méthode **1. Chercher le sujet**

Pour orthographier un verbe conjugué, il faut connaître son nombre, sa personne. Dans une phrase simple, l'ordre des mots est souvent le meilleur guide : le sujet est à gauche du verbe, il le précède. C'est l'ordre normal : **sujet + verbe + complément**.
Ainsi *je suis ici*, ne pose aucun problème. *Je* est le sujet placé à gauche du verbe *suis*.

2. Trouver ce que représente le pronom relatif *qui*

Le pronom relatif prend le genre, le nombre et la personne du mot qu'il remplace.
Il faut donc chercher le mot que remplace le pronom relatif sujet *qui* et l'analyser pour déterminer la personne et le nombre du verbe.

Pour <u>moi</u> qui vais souvent à pied : *qui* remplace *moi* → *vais* : 1re pers. du sing.
Il n'y a point de <u>gens</u> qui tirent mieux parti : *qui* remplace *gens* → *tirent* : 3e pers. du plur.
<u>Un homme</u> qui vient après moi : *qui* remplace *un homme* → *vient* : 3e pers. du sing.

3. Se méfier des pronoms intercalés entre sujet et verbe

Souvent le pronom COD ou COI placé à gauche du verbe (entre sujet et verbe) fait perdre de vue le sujet et entraîne des erreurs d'accord.

Un homme [...] <u>me</u> remet soudain où le premier <u>m</u>'avait pris.

Les pronoms personnels de 1re personne *me* et *m'* sont les COD des verbes *remettre* et *prendre*, ils n'ont **aucun rôle sur le verbe**.

 Rappel En cas de sujets juxtaposés ou coordonnés, le verbe se met à la 3e pers. du pluriel.

<u>Les voitures lentes, le pas réglé de nos chameaux,</u> les **feraient** tomber...
groupe sujet   3e pers. plur.

CONSEILS

Pour trouver le sujet, il ne faut pas hésiter à poser la question « qui est-ce qui ? », suivie du verbe à accorder : *Un homme qui me fait faire demi-tour* → **Qui est-ce qui** (*me*) *fait faire demi-tour* ? → *un homme* (*qui*) → *fait* est donc à la 3e personne du singulier.

EXERCICE 1

Réécrire la phrase : « Pour moi, qui vais souvent à pied sans changer d'allure, j'enrage… », en remplaçant « pour moi » par les groupes de mots proposés et en effectuant les transformations nécessaires :

1. Pour toi, ...

2. Pour toi et moi, ...

3. Pour toi et lui, ...

4. Pour eux, ...

5. Pour elle et moi, ...

6. Pour vous, ...

EXERCICE 2

Écrire au présent les verbes entre parenthèses :

1. Jacques et Marie qui (**habiter**) .... dans le même immeuble, vont se marier.

2. C'est moi qui (**avoir**) .... le plus de chance en ce moment.

3. Elle dit qu'elle les (**voir**) .... tous les jours.

4. Cette maison, c'est moi qui la (**vendre**) ....

5. Je passe par un de ces chemins qui (**serpenter**) .... dans la montagne.

6. C'est toujours toi et ta sœur qui (**faire**) .... les courses.

EXERCICE 3

Choisir la forme exacte et justifier ce choix en soulignant le sujet :

1. Je m'arrêtais à regarder, dans mon parterre de rosiers, un *géant des batailles* qui (**portais/portait/portaient**) trois fleurs magnifiques. (G. de Maupassant)

2. Il valait mieux pour vous de prendre un vieux mari qui vous (**donnez/donnais/donnait**) beaucoup de biens. (Molière)

3. Elle sent de nouveau ce froid dans les os qui (**délie/délient/délies**) sa volonté. (G. Bernanos)

4. Son frère et lui (**avait/avaient/avais**) failli tomber dans l'embuscade des Velrans, qui ne s'en (**était pas tenu/étaient pas tenu/étaient pas tenus**) à des cailloux lancés. (L. Pergaud)

5. Lui était fidèle aux leçons de son père, qui lui (**avait/avaient/avais**) enseigné à respecter les dieux, les prières et les rites. (J. F. Nahmias)

6. Le vieux marquis avait une tête couverte de cheveux blancs, qui (**semblait échappé/semblaient échappé/semblait échappée**) d'un tableau de Murillo. (H. de Balzac)

16 Les homophones grammaticaux du verbe *être*

Un havre de paix

JOHANN AUGUST SUTER réalise enfin un vieux désir cher à **son** cœur : il plante de la vigne. Il a fait venir à grands frais des ceps du Rhin et de Bourgogne. Dans le nord de **ses** domaines, sur les bords de la rivière Plume, il **s'est** fait construire une sorte de gentilhommière. **C'est** sa retraite. L'Ermitage. Autour il y a des jardins, des champs d'œillets, des champs d'héliotropes. **Ses** plus beaux fruits poussent là, cerises, abricots, pêches, coings. Dans les prairies **sont ses** plus belles bêtes de race. […]
Rêverie.
Sa pipe **s'est** éteinte. **Ses** yeux **sont** perdus au loin. Les premières étoiles s'allument. **Son** chien ne bouge pas. […] **C'est** la paix.

Blaise Cendrars, *L'Or*, Folio © Éd. Denoël, 1960.

 La règle Pour distinguer les formes du verbe *être* (*sont, s'est, c'est*) de ses homophones *son, ses, ces, sait*, il faut procéder par substitution.

 La méthode **1. Repérer les homophones et opérer des substitutions**

> Pour savoir s'il s'agit d'une forme du verbe *être*, il faut tenter de la mettre à l'imparfait.
> *Il **s'est** (s'était) fait construire une sorte de gentilhommière. **C'est** (c'était) la paix.*
> *Dans les prairies **sont** (étaient) **ses** (substitution impossible) plus belles bêtes.*
> S'il s'agit du verbe *savoir*, on obtiendra : *il **sait** (savait).*

2. En cas de substitution impossible à l'imparfait, choisir le bon déterminant

> Il n'y a qu'une orthographe possible pour le déterminant adjectif possessif *son*.
> ***Son** chien ne bouge pas.*

> Pour choisir entre le déterminant possessif *ses* ou le démonstratif *ces*, il faut déterminer s'il y a une idée d'appartenance, de possession, ou non.
> *Dans le nord de **ses** domaines, il s'est fait construire…*

Les domaines **lui appartiennent**, **Johann August Suter possède** les domaines : il faut donc utiliser le déterminant adjectif possessif **_ses_**.

> *Ce sont les femmes de **ces** sept hommes…*

« Les hommes » sont **désignés, montrés** : il faut donc utiliser le déterminant adjectif démonstratif **_ces_**.

 Rappel Pour distinguer *c'est* et *s'est*, il faut regarder ce qui suit :
– *sa pipe **s'est** éteinte* : il s'agit d'un verbe pronominal (*s'éteindre*).
– ***c'est** sa retraite* ; ***c'est** joli* ; ***c'est** lui* : *c'est* est suivi d'un nom, d'un adjectif, d'un pronom.

CONSEILS

En cas d'incertitude à choisir entre *c'est* ou *s'est*, on peut tenter la substitution avec « *ceci est…* », possible seulement pour *c'est* : *c'est (ceci est) sa retraite.*

16

EXERCICE ❶

Choisir l'homophone qui convient (*s'est, c'est, sont, ces, ses, son*) pour compléter le texte :

Tout cela est déclenché par un simple coup de pioche : .... foules qui se ruent. On se

parque dans les steamers qui vont à Chagres. Puis .... la traversée de l'isthme à pied,

à travers les marécages.

Johann August Suter est ruiné par la découverte des mines d'or sur .... terres.

La plantation de Suter, ... cultures, ... domaine .... le centre des laveurs

d'or. On donne des noms nouveaux à la contrée, mais pour Suter .... noms ne signi-

fient rien, sinon la ruine de .... établissement et le malheur de sa vie.

Blaise Cendrars, L'Or.

EXERCICE ❷

Choisir l'homophone qui convient pour compléter les phrases. Justifier les choix :

1. c'est/s'est → Il fait très beau ! .... normal, ... l'été.

....

2. son/sont → Matthieu fait ses devoirs ; .... cahier et .... livre ....

ouverts.

....

3. ses/ces → Mon cousin est venu pour m'apporter .... jeux préférés.

....

4. s'est/c'est/sait → .... elle qui .... ce qui .... passé.

....

EXERCICE ❸

Rétablir l'ordre ! Les homophones en gras ne sont pas à leur place. Réécrire le texte de façon correcte en mettant les verbes à l'imparfait :

Suter est accablé. Sa vie, **s'est** privations, son énergie, tout a été inutile.

Tout ce qu'il a de plus cher **ces** envolé, cendres et fumées. Il ne possède plus rien. Il pleure

longuement sur lui-même.

Qui sont **c'est** enfants qui lui jettent des pierres ? Il fait le gros dos, encaisse tout.

Il bredouille une prière. Il tombe en enfance ; **ses** un pauvre vieux.

Blaise Cendrars, L'Or.

....
....
....
....

Les homophones grammaticaux *on* et *on n'*

Conditions de vie dans un astronef

Vous savez comment c'est, quand on est avec une équipe qui travaille sur un des astéroïdes. On est là, coincé pour le mois du contrat qu'on a signé, en compagnie de quatre gars, et on n'a rien d'autre à faire que parler. La place est tellement mesurée, dans les petits astronefs dans lesquels on vit, qu'on n'a même pas la place d'emporter de la lecture ou de quoi se distraire. Et on est trop loin pour prendre les émissions de radio, en dehors du bulletin d'information qui couvre tout le système solaire une fois par journée terrestre.

Fredric Brown, « Et les dieux rirent », in *Lune de miel en enfer* © Éd. Denoël, 1964.

La règle Si la phrase est négative, il ne faut pas oublier la négation après le pronom *on*.

La méthode **1. Vérifier si la phrase est négative**

Si la phrase est négative, on doit obligatoirement utiliser la négation *ne* entre le pronom *on* et le verbe.

On n'a rien d'autre à faire qu'à parler.

La phrase est **négative** → *n'* est intercalé entre *on* et le verbe *a*.

On est là entre quatre gars...

La phrase est **affirmative** → il n'y a pas de négation entre *on* et le verbe *est*.

2. Remplacer *on* par *il* pour savoir s'il y a *n'* après *on*

Le problème des homophones est que **leur prononciation est identique**.

Dans le cas de « *on* + verbe commençant par une voyelle » et « *on n'* + verbe commençant par une voyelle », on peut opérer une **substitution** en remplaçant *on* par *il*, ce qui fait disparaître l'homophonie. On obtient : « *il* + verbe » ou « *il n'* + verbe », la prononciation trahissant alors la présence du *n'*.

On (il) a signé un contrat.

On (il) n̲'a même pas la place.

Rappel *Ne* n'est pas une négation dans la locution *ne ... que* (qui signifie *seulement*), sa présence est pourtant obligatoire devant le verbe :
*on n'a **que** la conversation comme distraction.*
La substitution de *on* par *il* est toujours possible.

CONSEILS

Dans la langue parlée, on « oublie » de plus en plus souvent la négation *ne* devant le verbe, il faut donc rester attentif à la **forme négative ou affirmative** de la phrase et ne pas se contenter de remplacer *on* par *il*.

17

EXERCICE ❶

Compléter le texte avec *on* ou *on n'* :

– ……… aurait bien voulu te garder si ……… avait été plus riche, assura Élodie.

– Si ton oncle te recueille, ……… est presque sûr que tu ne seras pas mal, ajouta Jean.

Olivier voulait rester avec eux. ……… était pas si mal que ça ensemble, pensait-il.

[…] Il posa sa main sur la porte et demanda :

– Si ……… ouvrait la porte, ……… irait où ? Est-ce qu'……… irait pas dans une cour ?

D'après R. Sabatier, *Les Allumettes suédoises.*

EXERCICE ❷

Compléter les phrases par *on* ou *on n'* et justifier ce choix :

1. À cette allure, ……… arrivera que demain. → ………………………………………

2. Il ne faut pas qu'……… aille trop tard chez grand-mère. → ………………………………

3. ……… attend plus que vous pour dîner. → ………………………………………

4. Du fond, ……… entend rien. → ………………………………………

5. ……… entend chaque jour plus de bruit. → ………………………………………

EXERCICE ❸

Compléter les proverbes suivants avec *on* ou *on n'*, puis les réécrire au présent pour retrouver leur forme exacte :

1. À l'œuvre ……… a connu l'ouvrier. → ………………………………………

2. Comme ……… a fait son lit, ……… s'est couché. → ………………………………
………………………………………

3. Faute de grives, ……… a mangé des merles. → ………………………………
………………………………………

4. ……… a pas fait d'omelette sans casser d'œufs. → ………………………………
………………………………………

5. ……… a prêté qu'aux riches. → ………………………………………

EXERCICE ❹

Les mots soulignés ont été mélangés. Réécrire le texte en les remettant à leur place :

Sur la route, <u>ont</u> a pas pu rouler vite car <u>on n'</u>a bien vu que les automobilistes <u>on</u> pas envie d'avoir de contravention depuis que des radars <u>n'ont</u> été installés !

………………………………………
………………………………………

Les terminaisons de l'indicatif présent

La petite fille au loup

MES PARENTS sortent en criant de la roulotte, c'est la nuit, les autres roulottes, une à une, s'éclairent, tous en descendent […], ils m'appellent, s'accroupissent sous les camions pour voir si je ne m'y suis pas cachée par jeu et ensuite endormie. […] Donc toute la tribu est là, en demi-cercle devant le tableau de la petite fille au loup. Mon père s'approche, entre dans la cage et quand il va pour me saisir, le loup redresse la tête […]. Mon père recule, rejoint les autres. On choisit d'attendre. […] J'ouvre mes yeux […]. Je regarde les autres derrière la grille, la pâleur de leurs visages, je ris, je chante…

Christian Bobin, *La folle Allure* © Éd. Gallimard, 1995.

 La règle C'est son groupe qui détermine les terminaisons du verbe au présent.

 La méthode **1. Écrire la terminaison selon le groupe du verbe**

> **Verbes du 1er groupe** : *-er* à l'infinitif. Au présent, **quelle que soit la prononciation**, les terminaisons sont stables : *-e, -es, -e, -ons, -ez, -ent.*

vérifier → *je vérifie, ils vérifient; entrer* → *il entre; chanter* → *je chante…*

> **Verbes du 2e groupe** : *-ir* à l'infinitif, *-issant* au participe présent. Les terminaisons au présent sont stables : *-is, -is, -it, -issons, -issez, -issent.*

s'accroupir (s'accroupissant) → *je m'accroupis, ils s'accroupissent…*

> **Verbes du 3e groupe** : tous les autres.
Au singulier :
– certains verbes suivent les terminaisons des verbes du 1er groupe : *ouvrir* → *j'ouvre*; *cueillir* → *il cueille.*
– d'autres ont comme terminaisons : *-s, -s, -t* : *rire* → *je ris, il rit*; *rejoindre* → *il rejoint.*
– d'autres ont comme terminaisons : *-ds, -ds, -d* : *descendre* → *je descends, il descend.*
Au pluriel, ils ont tous les mêmes terminaisons : *-ons, -ez, -ent.*

2. Connaître les verbes irréguliers ou difficiles

> Les verbes *pouvoir, vouloir, valoir* ont *-x, -x, -t* comme terminaisons au singulier : *je peux, tu peux, il peut; je veux, tu veux, il veut; je vaux, tu vaux, il vaut.*

> Le verbe *aller* : *je vais, tu vas, il va.*

> Le verbe *vaincre* : *je vaincs, tu vaincs, il vainc.*

> Les verbes *dire* et *faire* ont comme 2e personne du pluriel : *vous dites, vous faites.*

 Rappel Il ne faut pas confondre les verbes du 1er groupe et ceux du 3e groupe dont les terminaisons à l'écrit sont différentes mais dont la prononciation est la même.
je vérifie (*vérifier*, 1er groupe) **mais** *je ris* (*rire*, 3e groupe)

CONSEILS

Il faut **réfléchir** au **sens** du verbe ainsi qu'à la **personne** employée, en se **méfiant toujours de la prononciation** : *je lis, il lit* (*lire*, 3e gr.), *je lie, tu lies* (*lier*, 1er gr.).

EXERCICE 1

Compléter le texte en mettant les verbes entre parenthèses au présent de l'indicatif :

Le vent du nord (**surprendre**) .... la mer par le travers, il la (**contrarier**)
......................., la (**soulever**) .... et la (**rouler**) ....
inlassablement. Le poisson (**voir**) .... cela des profondeurs où il (**s'en aller**)
.... le soir pour dormir.

D'après Tavae Raioaoa – L. Duroy, *Si loin du monde* © Ohéditions, 2003.

EXERCICE 2

Placer les verbes suivants dans le tableau en les écrivant à la 3ᵉ personne du singulier :
associer, sourire, offrir, partir, trier, ternir, défier, vaincre, pouvoir, crier, écrire, relire, peindre, relier, valoir, finir, reculer, s'accroupir, acheter, fleurir

verbes du 1ᵉʳ groupe	verbes du 2ᵉ groupe	verbes du 3ᵉ groupe
Il	Il	Il ....
....	....	....
....	....	....
....	....	....
....	....	....
....	....	....
....	....	....
....	....	....
....	....	....

EXERCICE 3

Rayer l'intrus dans chaque série et expliquer ce choix :

1. vient, croit, peint, peut, vit → ....

2. finis, agis, bondis, démolis, écris → ....

3. cueille, chante, parle, regarde, marche → ....

EXERCICE 4

Réécrire les phrases en mettant le verbe au présent :

1. Il pliait sa serviette à la fin du repas. → ....

2. Tu souriais dans ton sommeil. → ....

3. Vous disiez toujours la même chose. → ....

4. Je voulais sortir de bonne heure. → ....

Leçon de morale à un voleur

LA PARESSE, le plaisir, quels précipices ! Ne rien faire, c'est un lugubre parti pris, sais-tu bien ? […] Ah ! il ne te plaît pas de travailler ! Ah ! tu n'as qu'une pensée ; bien boire, bien manger, bien dormir. Tu boiras de l'eau, tu mangeras du pain noir, tu dormiras sur une planche avec une ferraille rivée à tes membres et dont tu sentiras la nuit le froid sur ta chair ! Tu briseras cette ferraille, tu t'enfuiras. C'est bon. Tu te traîneras sur le ventre dans les broussailles et tu mangeras de l'herbe comme les brutes des bois. Et tu seras repris. […] Crois-moi, n'entreprends pas cette pénible besogne d'être un paresseux. Devenir un coquin, ce n'est pas commode. Il est moins malaisé d'être honnête homme.

Victor Hugo, *Les Misérables* (IV, 4, 1) © La Pléiade, *NRF*, 1983.

 La règle Pour écrire le futur d'un verbe, il faut penser à son infinitif.

La méthode **1. Ne pas faire d'erreur sur les terminaisons**

Il est assez facile de se rappeler les terminaisons du futur en pensant au présent de *avoir* précédé de *-r-* : *-rai, -ras, -ra, -rons, -rez, -ront*.

> *je boirai, tu boiras, il boira ; je mangerai, tu mangeras, il mangera*

Ces terminaisons stables se placent à droite du radical du verbe.

2. Garder la base de l'infinitif pour tous les verbes du 1ᵉʳ groupe

Pour des verbes comme *manger*, *briser* ou *traîner*, la prononciation permet d'entendre toutes les syllabes : *tu man/ge/ras, tu bri/se/ras…*
Attention : ce n'est pas le cas pour les verbes du 1ᵉʳ groupe dont le radical se finit par une voyelle ou un digramme (deux voyelles prononcées ensemble) comme *nouer, jouer, crier, plier…* Au futur, on ne prononce pas le *-e-* qui est placé entre le radical et le *-r-* : *je joue/rai, je crie/rai.*

Tous les verbes du 1ᵉʳ groupe au futur se terminent par *-erai, -eras…*

3. Retenir quelques verbes particuliers

Quelques verbes doublent le *-r-* au futur. C'est le cas de *pouvoir, voir, envoyer, courir, mourir* :

> *je pourrai, je verrai, j'enverrai, je courrai, je mourrai*

 Rappel Il faut distinguer les verbes du 1ᵉʳ groupe qui ont un *-e-* en fin de radical et les verbes des 2ᵉ et 3ᵉ groupes qui n'en ont pas :
– *j'étudierai* (*étudier*, 1ᵉʳ groupe) ;
– *tu dormiras* (*dormir*, 3ᵉ groupe) ; *tu t'enfuiras* (*s'enfuir*, 3ᵉ groupe).

CONSEILS

Il ne faut pas se fier à la prononciation. Seule la réflexion permet de ne pas faire d'erreur sur le radical des verbes du 1ᵉʳ groupe conjugués au futur.

EXERCICE 1

Mettre les verbes entre parenthèses au futur :

1. Je te (voir) .... demain.

2. Le contrôleur (vérifier) .... les billets des voyageurs.

3. Nous (lire) .... tous le même livre.

4. Je (prendre) .... le pain en passant devant la boulangerie.

5. Vous (voir) .... si tout va bien.

6. Tu (courir) .... vite pour rentrer chez toi.

EXERCICE 2

Compléter le tableau en mettant les verbes au futur :

	1re personne du singulier	3e personne du singulier	3e personne du pluriel
avoir	....	....	....
être	....	....	....
envoyer	....	....	....
délier	....	....	....
délirer	....	....	....
relire	....	....	....

EXERCICE 3

Réécrire le texte en mettant les verbes au futur de l'indicatif et en remplaçant le sujet *je* par *nous* :

Je désire sortir. Je ne peux pas. Je reste, éperdu, tremblant, dans le fauteuil. Je désire seulement me lever, me soulever, afin de me croire maître de moi. Je ne peux pas ! Je suis rivé à mon siège.

D'après G. de Maupassant, *Le Horla*.

....

....

....

....

EXERCICE 4

Conjuguer les verbes à la 1re pers. du sing. au futur. Rayer l'intrus et justifier ce choix :
pouvoir, vouloir, voir, entrevoir, envoyer, revoir

....

....

㉟ L'indicatif passé simple

Quelques photos...

L'HOMME ouvrit un dossier et étala sur le bureau une série de photos. La première rangée était en noir et blanc, la deuxième en couleurs. Gérard se reconnut sur le premier cliché. Goma*. Il venait de quitter sa voiture. La portière était encore entrebâillée. Voûté, il avait le regard perdu. Deuxième photo. Encore lui, près de sa voiture. À l'arrière-plan une femme avec un enfant. Troisième photo : l'enfant est jeté dans les bras de Gérard. Quatrième photo : Gérard avec l'enfant, la femme écroulée par terre. Cinquième photo : Gérard entre dans sa voiture, l'enfant dans les bras. Puis une photo prise en plongée par la vitre arrière.

Christine Arnothy, *Une question de chance* © Éd. Plon, 1995.

* **Goma** : localité du Zaïre.

 La règle Les terminaisons du passé simple dépendent du groupe du verbe.

 **La méthode** **1. Connaître les terminaisons du passé simple**

Ouvrit, étala, reconnut sont trois verbes à la 3e personne du singulier du passé simple de l'indicatif. **Ils n'ont pourtant pas la même terminaison.**
Il faut donc connaître les différentes orthographes possibles.

infinitif	singulier			pluriel		
	1re pers.	2e pers.	3e pers.	1re pers.	2e pers.	3e pers.
verbes en *-er*	-ai	-as	-a	-âmes	-âtes	-èrent
verbes en *-ir*, *-oir* ou *-re*	-is	-is	-it	-îmes	-îtes	-irent
	-us	-us	-ut	-ûmes	-ûtes	-urent
venir, tenir et composés	-ins	-ins	-int	-înmes	-întes	-inrent

2. Être attentif à quelques particularités

> Les verbes du 1er groupe en *-er* ont au singulier des terminaisons qui correspondent au présent du verbe *avoir* (*-ai, -as, -a*) : *j'étalai, tu étalas, il étala.*
> Pour TOUS les autres verbes, il ne faut pas oublier de mettre la terminaison *-s* ou *-t* aux trois personnes du singulier : *je reconnus, tu reconnus, il reconnut.*
> Aucun verbe au passé simple n'a d'accent circonflexe aux trois personnes du singulier sur sa voyelle finale : *il étala, il ouvrit...* **sauf *croître*** et ses composés : *je crûs, tu crûs, il crût.*
> Tous les verbes au passé simple ont un accent circonflexe sur l'avant-dernière syllabe aux 1re et 2e personnes du pluriel : *nous étalâmes, nous ouvrîmes, vous reconnûtes...*

 Rappel Le passé simple a toujours une terminaison (*-s* ou *-t*) mais pas le participe passé qui se prononce de la même façon : *il reconnut* **mais** *il a reconnu.*

CONSEILS

Pour ne pas hésiter entre passé simple et participe passé, il faut vérifier s'il n'y a pas d'auxiliaire entre le sujet et le verbe.

EXERCICE ❶

Compléter le tableau avec les formes du passé simple qui conviennent :

	1ʳᵉ pers. du sing.	3ᵉ pers. du sing.	2ᵉ pers. du pluriel
quitter	....	....	....
jeter	....	....	....
plonger	....	....	....
prendre	....	....	....
perdre	....	....	....
venir	....	....	....
courir	....	....	....
vouloir	....	....	....

EXERCICE ❷

Réécrire le texte en mettant les verbes au passé simple :

L'enfant contemple le fleuve. Il éprouve alors en lui un grand bouleversement. Pendant une seconde, il sent les rouages de son esprit fonctionner avec la vitesse sûre d'un mécanisme parfait. Il voit clairement tout. Les autres hommes se mettent à remonter le long du fleuve. Lentement l'enfant recule. L'ours se lèche les pattes. Courageusement l'enfant et l'ours marchent vers Niourk.

D'après Stefan Wul, *Niourk* © Éd. Denoël, 1970.

....
....
....
....
....

EXERCICE ❸

Rayer l'intrus dans chaque série et justifier ce choix :

1. crut, voulut, crût, mourut, prit → ....

2. chanta, finit, put, vint, crut → ....

EXERCICE ❹

Compléter les phrases en choisissant le passé simple ou le participe passé :

1. (Perdre) .... dans la rue, l'enfant (reconnaître) .... soudain sa maison.

2. Pierre ayant (prendre) .... un biscuit, Paul (prendre) .... un bonbon.

21 Indicatif passé simple ou imparfait ?

Un vrai « maître potier » !

J'ARRIVAI à une perfection inespérée en poterie de terre, et j'imaginai assez bien de la fabriquer avec une roue, ce que je trouvais infiniment mieux et plus commode parce que je donnais une forme ronde et bien proportionnée aux mêmes choses que je faisais auparavant hideuses à voir. Mais jamais je ne fus plus glorieux, je pense, de mon propre ouvrage, plus joyeux de quelque découverte, que lorsque je parvins à me façonner une pipe. Quoique fort laide, fort grossière et en terre cuite rouge comme mes autres poteries, elle était cependant ferme et dure et aspirait très bien, ce dont j'éprouvai une excessive satisfaction.

Daniel Defoe, *Robinson Crusoé*, trad. Pétrus Borel © Éd. GF-Flammarion.

La règle Pour choisir entre imparfait ou passé simple pour un verbe du 1er groupe à la 1re personne du singulier, on procède par substitution.

La méthode **1. Connaître l'homophonie entre imparfait et passé simple pour les verbes du 1er groupe**

À la 1re personne du singulier des verbes du 1er groupe, la prononciation ne permet guère de distinguer l'imparfait du passé simple.

arriver : j'arrivai (passé simple) – *j'arrivais* (imparfait)
trouver : je trouvai (passé simple) – *je trouvais* (imparfait)

2. Mettre la phrase à la 3e personne du singulier

À la 3e personne du singulier, l'homophonie disparaît : *-a* au passé simple et *-ait* à l'imparfait. On peut donc tenter, en gardant le contexte, une **substitution**.

j'imaginai → il imagina (passé simple)
j'imaginais → il imaginait (imparfait)

3. Remplacer par un verbe d'un autre groupe

On peut également tenter de refaire la phrase en remplaçant le verbe du 1er groupe par un verbe du 3e groupe dont on est sûr (ex. : pour *prendre*, le passé simple est *je pris* tandis que l'imparfait est *je prenais*).

4. Dans tous les cas, s'appuyer sur le sens

La valeur des temps peut permettre de choisir la bonne orthographe.

> L'imparfait rend compte d'une **action qui dure ou se répète**.

*Je **donnais** une forme ronde et bien proportionnée aux mêmes choses que je **faisais**…*

> Le passé simple exprime une **action achevée**.

*J'**arrivai** à une perfection inespérée…*

Rappel Bien distinguer toutes les formes homophones : *arrivai, arrivais, arrivé, arriver*…

CONSEILS

Il faut être attentif aux liaisons. Le *-s* final de l'imparfait peut être révélé par la liaison qui sera faite avec le mot suivant : *je donnais une forme*…

21

EXERCICE ❶

Mettre les verbes du texte à l'imparfait ou au passé simple selon les cas :

Je m'(installer) .... dans une chaise longue, pour grignoter une barre de chocolat.

J'(avoir) .... un livre ouvert sur les genoux, et je (faire) .... semblant

de lire : en réalité, je (penser) .... à ma chère Isabelle, et je (considérer)

.... sa décision de m'épouser le lendemain comme une véritable déclaration

d'amour. Je (décider) .... qu'après la cérémonie, je la serrerais sur mon cœur.

Comme je (préparer) .... un discours, je me (tourner) .... vers la col-

line. Je me (lever) .... brusquement et m'(élancer) .... sur le chemin.

D'après M. Pagnol, Le Temps des secrets © Bernard de Fallois, site marcel-pagnol.com,
accord du 9/03/2006.

EXERCICE ❷

Compléter les phrases en choisissant la forme verbale qui convient :

1. (essayai/essayais) Chaque fois que j'................. de passer, la porte se refermait.

2. (fabriquai/fabriquais) Ce fut la seule fois que je .... un tel objet.

3. (heurtai/heurtais) En pénétrant dans la pièce obscure, je .... du pied le chien.

4. (observai/observais) Comme je l'................., elle éclata de rire.

5. (passai/passais) Je .... tous les jours par le même chemin.

6. (allai/allais) Debout à sept heures ce matin, j'................. vite prendre le train.

7. (blessai/blessais) Chaque fois que je faisais ce geste, je me ....

EXERCICE ❸

Replacer les verbes dans le texte. Attention au sens et à l'orthographe :
trouvais – redressai – vis – datait – questionnai – semblait – regardais – firent

C'est en revissant la plaque au dos de la machine que je .... une malle en bois

verni à ma droite. Je me ...., intrigué en regardant la malle.

[...] Je ...., fasciné. Cette caisse .... toute neuve. Or l'inscription

et le matériau me .... comprendre qu'elle .... en réalité de la

Seconde Guerre mondiale, que je me .... face à une relique de la garnison

américaine. Je .... madame Dorita : « Quelle caisse ! À qui est-ce ? Je peux

regarder dedans ? »

D'après Axel W. du Prel, « La Malle de l'espoir »,
Le Bleu qui fait mal aux yeux et autres nouvelles inédites © Éd. Au Vent Des Îles, 1999.

22 L'impératif présent

Ennuyeuse lecture

UN VALET entra et remit à la comtesse des livres de la part du prince Pavel Alexandrovitch.

– Fort bien. Qu'on le remercie, dit la comtesse. Lise, Lise, [...] assieds-toi. Prends le premier volume et fais-moi la lecture.

La jeune fille s'empara du volume et lut quelques lignes à haute voix.

– Plus fort ! ordonna la comtesse. [...] Attends, pousse la banquette… plus près… Bon, allons ?

Lizaveta Ivanovna lut encore deux pages. La comtesse bâilla.

– Laisse ce livre, dit-elle. Quelles fadaises ! renvoie-les au prince avec mes remerciements.

Pouchkine, *La Dame de pique* © Le Livre de Poche, 1989.

 La règle Seuls les verbes du 1ᵉʳ groupe ne prennent pas de **-s** à la 2ᵉ personne du singulier de l'impératif présent.

 La méthode **1. Bien orthographier les verbes des 2ᵉ et 3ᵉ groupes**

Les verbes n'ont que **trois personnes à l'impératif** : 2ᵉ du singulier, 1ʳᵉ et 2ᵉ du pluriel. Pour le 2ᵉ et le 3ᵉ groupe, les terminaisons sont les mêmes qu'aux personnes correspondantes de l'indicatif présent.
Assieds-toi ; prends ; fais-moi correspondent à *tu t'assieds, tu prends, tu me fais.*
Il en est de même pour les autres personnes : *prenons → nous prenons.*

2. Connaître les verbes dont la 2ᵉ personne du singulier est en -e

Certains verbes se terminent par **-e** à la 2ᵉ personne du singulier de l'impératif.

> Tous les **verbes du 1ᵉʳ groupe** : *pousse ! laisse ! renvoie !*

> Les **verbes du 3ᵉ groupe** qui ont, au présent, **les terminaisons du 1ᵉʳ groupe** (voir p. 40) : *cueille ! ouvre !*

> Le **verbe** *avoir* : *aie !* (*ayez ! ayons !* aux deux autres personnes).

3. Faire attention au -s euphonique

Pour faciliter la prononciation, on ajoute, devant *en* et *y*, un **-s** à la 2ᵉ personne du singulier des verbes en -e.

   Des pommes ? **cueilles-en** si tu veux !
   Dans l'eau ? **plonges-y** les mains !

 Rappel Quelques verbes sont irréguliers : ***être*** : *sois, soyons, soyez* ; ***aller*** : *va (vas-y), allons, allez* ; ***faire*** et ***dire*** : *faites ! dites !*

CONSEILS

Il faut se méfier des verbes en série, à l'impératif, puisque certains prendront un -s à la 2ᵉ personne et d'autres non ; il faut réfléchir à chaque verbe séparément.

22

EXERCICE ❶

Mettre tous les verbes entre parenthèses à l'impératif, à la 2ᵉ personne du singulier :

Panisse s'adresse à Fanny : « (Tenir) ...., (passer) .... dans la salle à manger, qui sera bientôt la tienne. (Aller) .... faire connaissance avec notre grande pendule. Mais (faire) .... bien attention, moi je ne sais rien. N'(avoir) .... pas peur ! (Prendre) .... la température du petit. »

D'après M. Pagnol, *Fanny* © Éd. Fasquelle, 1946, site marcel-pagnol.com.

EXERCICE ❷

Rayer l'intrus dans chaque série et justifier ce choix :

1. chante, parle, ouvre, regarde, laisse → ....

2. prends, lis, vois, sois, viens → ....

3. cueilles-en, vas-y, laisses-en, prends-en → ....

EXERCICE ❸

Présent de l'indicatif ou présent de l'impératif ? Choisir la bonne terminaison :

1. (arrête/arrêtes) Marc, ne t'........................ donc pas tout le temps !

2. (songe/songes) Tu risques de faire une bêtise ; ....-y bien.

3. (place/places) Dans le train, ...-toi près de la fenêtre.

4. (regarde/regardes) Te ....-tu dans la glace ? Mais ....-toi.

5. (quitte/quittes) Dans quelques instants, ... ton bureau.

6. (cueille/cueilles) .... des poires. Les fraises ? ....-en moins.

7. (évite/évites) En passant par là, ...-tu les embouteillages ?

EXERCICE ❹

Compléter le tableau en mettant les verbes à l'impératif présent :

	2ᵉ personne du sing.	1ʳᵉ personne du plur.	2ᵉ personne du plur.
avoir	....	....	....
être	....	....	....
aller	....	....	....
dire	....	....	....
faire	....	....	....
prendre	....	....	....
regarder	....	....	....

23 Le subjonctif présent

Les petites choses

J'AI BEAUCOUP DE SOINS dans les petites choses. [...] Je ne néglige rien dans les détails, dans ces minutes qui feraient sourire de pitié des hommes raisonnables : et si les choses sérieuses me semblent petites, les petites ont pour moi de la valeur. Il faudra que je me rende raison de ces bizarreries ; que je voie si je suis, par caractère, étroit et minutieux ? [...]

Beaucoup de grandes choses ne me paraissent que des embarras misérables, où l'on s'engage avec plus de légèreté que d'énergie.

Senancour, *Oberman* (lettre XXXI), 1833 © Le Livre de Poche, 1984.

 La règle Les terminaisons du subjonctif présent sont les mêmes pour tous les verbes.

 La méthode **1. Reconnaître le subjonctif présent**

> Cette forme verbale est précédée de la conjonction *que*.

Il faudra <u>que</u> je me rende raison de ces bizarreries.

Que je me rende est le subjonctif présent, 1re pers. du sing. du verbe *se rendre*.

> Les terminaisons du subjonctif présent sont les mêmes pour TOUS les verbes : *-e, -es, -e, -ions, -iez, -ent*.

que je voie, que je rende, que je regarde...

2. Ne pas confondre les terminaisons du subjonctif et celles de l'indicatif présent

> Pour beaucoup de verbes, **la prononciation permet de repérer le subjonctif**.

rendre : indicatif présent → *je rends, tu rends, il rend...*
    subjonctif présent → *que je rende, que tu rendes, qu'il rende...*

> Pour certains verbes, **la prononciation est la même** au subjonctif et à l'indicatif, mais **les terminaisons sont différentes** :

voir : indicatif présent → *je vois, tu vois, il voit...*
    subjonctif présent → *que je voie, que tu voies, qu'il voie...*

3. Procéder à des substitutions pour être sûr qu'il s'agit du subjonctif

Pour vérifier qu'il s'agit d'un subjonctif présent, on peut substituer à la forme à orthographier une forme connue du verbe *être*. Si la substitution permet d'obtenir la forme *que je sois* (subjonctif de *être*), on est sûr que le verbe recherché doit être orthographié comme un subjonctif.

Il faut que je (coure/cours) à la gare. → *Il faut que je sois...* donc subjonctif → *cour<u>e</u>.*

 Rappel Les deux auxiliaires sont irréguliers au subjonctif présent :
    être : que je sois, que tu sois, qu'il soit
    avoir : que j'aie, que tu aies, qu'il ait

CONSEILS

On retrouve une forme de subjonctif en faisant précéder le verbe de *il faut que.*

23

EXERCICE ❶

Compléter les phrases en conjuguant les verbes au subjonctif présent :

1. (croire) Il n'est pas nécessaire que cet enfant .... toute sa vie au Père Noël.

2. (rire) L'acteur veut que le public .... beaucoup à tout moment.

3. (parcourir) Il faut que je .... toutes les petites annonces du journal.

4. (courir) Pour que l'athlète .... plus vite, on dégage la piste.

5. (voir) Il souhaite que tu .... ses parents demain.

6. (sourire) Il faut qu'il .... au photographe.

EXERCICE ❷

Compléter le tableau avec les formes demandées :

	indic. présent		subj. présent	
	1re pers. du sing.	3e pers. du sing.	1re pers. du sing.	3e pers. du sing.
être	je	il	que je	qu'il ....
avoir	....	....	....	....
rouler	....	....	....	....
rire	....	....	....	....
peindre	....	....	....	....
finir	....	....	....	....

EXERCICE ❸

Rayer l'intrus dans chaque série de verbes au subjonctif présent (3e pers. du sing.), et justifier ce choix en comparant avec l'indicatif présent :

1. prenne, finisse, coure, mette, nourrisse → ....

2. croie, voie, rie, parte, coure → ....

3. chante, donne, parle, mange, voie → ....

EXERCICE ❹

Dans ce texte, les verbes soulignés ne sont pas à leur place. Réécrire correctement toutes les phrases en tenant compte du sens comme de l'orthographe :

Pendant les Jeux Olympiques, pour que l'athlète <u>court</u> cent mètres en moins de dix secondes, il faut qu'il <u>parcourt</u> vraiment très vite ! Et si jamais il <u>parcoure</u> moins vite, un autre <u>croie</u> la distance plus rapidement que lui et le dépasse ! Bien qu'il <u>voit</u> être le meilleur, on <u>coure</u> à ce moment-là que ce n'est pas le cas.

....

....

....

....

24 Le conditionnel présent

Si tu avais le temps...

LILI LEVA vers moi un visage grave, qui peu à peu s'illumina d'un beau sourire. « Tu as besoin de quelque chose ? me dit-il.

– Non : je viens te voir parce que mon père m'a dit que les loriots arrivaient…

– Je sais. J'en ai pris trois ce matin, en bas, dans les oliviers de Gustave. Si tu avais le temps, ce **serait** le moment d'aller tendre sous le Taoumé.

Il me regarda bien en face, et répéta :

– Si tu avais le temps.

– Maintenant, j'aurai le temps. […] J'ai décidé de ne plus aller là-bas […]

– Mais ça se **pourrait** que tu y retournes… »

Marcel Pagnol, *Le Temps des secrets* © Bernard de Fallois, site marcel-pagnol.com, accord du 9/03/2006.

 La règle Les terminaisons du conditionnel présent, proches de celles de l'indicatif imparfait, ne doivent pas être confondues avec celles de l'indicatif futur.

 **La méthode** **1. Connaître les terminaisons stables du conditionnel présent**

Les terminaisons du conditionnel présent sont les mêmes pour tous les verbes : *-rais, -rais, -rait, -rions, -riez, -raient.*

> ce *serait*, ça se *pourrait*…

2. Utiliser la substitution pour la 1re personne du singulier

Pour distinguer la 1re personne du singulier du conditionnel présent *j'aurais* de son homophone de l'indicatif futur *j'aurai*, on peut procéder par substitution. La prononciation et l'orthographe sont en effet distinctes pour les autres personnes.

> *j'aurais → tu au<u>rais</u>* (conditionnel) alors que *j'aurai → tu au<u>ras</u>* (futur)

3. Se méfier des quelques formes « pièges »

Ce sont les mêmes qu'au futur (voir p. 42) :
– les verbes du 1er groupe dont le *-e-* précédant la terminaison *-rais, -rait…* ne s'entend pas : *je jou<u>e</u>rais ; tu cri<u>e</u>rais…* **mais** *tu finirais.*

– les verbes *pouvoir, voir, envoyer, courir, mourir* qui doublent le *-r-*.

> *je pourrais, tu verrais, il enverrait, nous verrions, ils mourraient…*

 Rappel Pour exprimer **le futur dans le passé**, on utilise **le conditionnel présent** !

> *Tu dis (maintenant) que je viendrai (demain)* : on emploie l'indicatif futur.
> *Tu disais (hier) que je viendrais (le lendemain)* : on emploie le conditionnel.

CONSEILS

Il faut vérifier quel est le sujet pour ne pas confondre les terminaisons homophones de 3e personne du singulier et du pluriel : *il viendrait ; ils viendraient.*

EXERCICE 1

Mettre les verbes entre parenthèses au conditionnel présent :

1. « Je l'ai souvent imaginé, ce dialogue avec un petit homme pâle qui (avoir) ....

essayé de me tuer et dont je ne (pouvoir) .... rien tirer après que du mépris. Mais

je ne pensais pas que ce (être) .... toi et pour quelque chose d'aussi bête. »

Jean Anouilh, Antigone © La Table Ronde, 1947.

2. Le mariage civil devait se faire à la mairie du village. (Venir) .... ensuite un

déjeuner. Après le déjeuner on (passer) .... le temps comme l'on (pouvoir)

.... jusqu'à sept heures. À sept heures on (retourner) .... à Ille,

où devaient souper les deux familles réunies.

Prosper Mérimée, La Vénus d'Ille, 1837.

EXERCICE 2

Mettre les verbes entre parenthèses à la 1ʳᵉ personne du singulier du conditionnel présent ou de l'indicatif futur. Faire la substitution à la 2ᵉ personne du singulier :

1. Si j'avais le temps, je (venir) .... → tu ....

2. Si j'ai le temps, je (venir) .... → tu ....

3. Je t'avais bien dit que je (venir) .... → tu ....

4. J'(aimer) .... tant gagner ! → tu ....

5. Il pleut si bien que je (devoir) .... m'abriter bientôt. → tu ....

6. S'il faisait jour, je (voir) .... d'ici le paysage. → tu ....

EXERCICE 3

Compléter le tableau :

	indicatif futur		conditionnel présent	
	1ʳᵉ pers. du sing.	3ᵉ pers. du pluriel	1ʳᵉ pers. du sing.	3ᵉ pers. du pluriel
confier	....	....	....	....
sortir	....	....	....	....
nourrir	....	....	....	....
courir	....	....	....	....
envoyer	....	....	....	....

EXERCICE 4

Rayez l'intrus dans chaque série et justifier ce choix :

1. pourrait, mourrait, verrait, fuirait, courrait → ....

2. permettrions, entendrions, courrions, accepterons, verrions → ....

Index
des principales notions abordées

Pages

■ **Accord des adjectifs**

– adjectif composé 26

– adjectif de couleur 26

– adjectif *demi* 24

– adjectif numéral cardinal 24

■ **Accord des noms utilisés comme adjectifs de couleur** 26

■ **Accord du participe passé :**

– des verbes impersonnels 28

– dépendant de la situation d'énonciation 32

– utilisé avec *avoir* 30

– utilisé avec *être* 28

– utilisé seul 28

■ **Accord sujet/verbe** 34

■ **Adverbes en -*ment*** 18

■ **Conditionnel présent** 52

■ **Distinction entre :**

– indicatif futur et conditionnel présent 52

– imparfait et passé simple 46

– indicatif présent et subjonctif présent 50

■ **Doublement de consonnes** 14

■ **Famille de mots** 6

■ **Finales muettes** 12

■ **Genre des noms** 22

■ **Homonymes (voir aussi Homophones)** 20, 22

■ **Homonymes lexicaux** 20

■ **Homophones « de discours »** 20

■ **Homophones grammaticaux** 20

– du verbe *être (sont/son ; c'est/ces...)* 36

– *on/on n'* 38

■ **Impératif présent** 48

■ **Indicatif**

– Futur 42

– Imparfait 46

– Passé simple .... 44 et 46

– Présent 40

■ **Indices d'énonciation** 32

■ **La lettre *h*** 16

■ **La lettre *s* dite « euphonique »** 48

■ **Mots commençant par :**

– *ad-* 8

– *en-* 8

– *in-* 8

– *ob-* 8

– *r-, ra-, re-, ré-* 8

– *sub-* 8

■ **Mots empruntés :**

– au grec 16

– à l'anglais 14

■ **Mots terminés par :**

– *-aire* 10

– *-ation* 10

– *-i* ou *-is* 10

– *-ique* 10

– *-té* 10

– *-t* 12

– *-x* 12

■ **Paronymes** 20

■ **Particularités de certains verbes :**

– *aller* .... 40 et 48

– *avoir* .... 48 et 50

– *courir* .... 42 et 52

– *croître* 44

– *dire* .... 40 et 48

– *envoyer* .... 42 et 52

– *être* .... 48 et 50

– *faire* .... 40 et 48

– *mourir* .... 42 et 52

– *pouvoir* .... 40, 42 et 52

– *vaincre* 40

– *valoir* 40

– *voir* .... 42 et 52

– *vouloir* 40

■ **Préfixe** 8

■ *Qui*, **pronom relatif sujet** 34

■ **Radical** 6

■ **Radicaux homophones** 6

■ **Situation d'énonciation** 32

■ **Subjonctif présent** 50

■ **Suffixe** 10

1. 2.9.10 $-12\frac{1}{2} = \dfrac{104\frac{1}{2}}{117} = 89\%$

2. 3.9.10 $-7\frac{1}{2} = \dfrac{92.5}{100} = 92\%$

Imprimé en France, sur les presses de l'imprimerie Hérissey à Évreux - France

Dépôt légal n° 73527 - juin 2007 - N° d'impression : 105244